EEN GELUKKIGER LEVEN

Hoe ontwikkel je oprecht geluk en welzijn gedurende elk stadium van je leven.

Door Khentrul Rinpoche

Vertaald naar het Nederlands door Dennis Ruigrok

Dzokden
SAN FRANCISCO, USA

Eerste Editie:

ISBN: 979-8-9851574-7-5 (paperback)

ISBN: 979-8-9851574-6-8 (e-pub)

Uitgeverij:

Dzokden

Dit boek is vertaald door vrijwilligers van Dzokden. Met dank aan:

Dennis Ruigrok (vertaler) en Jan Duinvoor de voorbereiding van deze versie van het boek voor publicatie.

Voor meer informatie over geplande activiteiten en beschikbaar materiaal, mocht u een donatie willen doen om ons project te ondersteunen, neem dan contact op met:

Dzokden

3436 Divisadero Street

San Francisco, California 94123

Verenigde Staten van Amerika

www.dzokden.org

Overzicht

Voorwoord

Het is mijn diepste wens om een boek over geluk te schrijven, welke een breed scala van belangrijke thema's verkent dat we kunnen toepassen op elk stadium van onze levens. Het is vormgegeven als een nuttig naslagwerk voor iedereen, of je nu oud of jong, religieus of atheïstisch, rijk of arm bent. Ik hoop dat als je het aandachtig leest, er over reflecteert en bewust de relevante oefeningen oefent, je je staat van geluk kunt verbeteren.

Je verwondert je wellicht waarom iemand zoals ik geïnteresseerd is in het schrijven van een boek over geluk. Ik ben nooit naar school geweest, ik heb geen universitair diploma en ik heb weinig blootstelling gehad aan de informatie en technologie van de moderne tijden. In plaats daarvan heb ik de meeste tijd van mijn leven als een simpele monnik geleefd, geïsoleerd van de rest van de wereld in de afgelegen bergen van Tibet.

Als ik echter reflecteer op mijn leven, realiseer ik me dat ik een verbazingwekkende verscheidenheid aan ervaringen heb meegemaakt die me een goed begrip hebben gegeven van wat echt essentieel en belangrijk is in het leven. Zozeer zelfs dat ik mezelf er niet van kon weerhouden de vraag naar geluk te willen onderzoeken en met anderen te delen wat ik heb geleerd.

Als ik terugkijk op mijn leven en me de relaties herinner die ik heb gehad, de beslissingen die ik heb genomen en de lessen die ik heb geleerd, kan ik alleen bedenken hoe nuttig het zou zijn geweest om een gids of handboek te hebben over hoe je een gelukkig en tevreden leven leidt. Ik zou me zo fortuinlijk hebben gevoeld om de mogelijkheid te hebben om een boek te lezen zoals dit. Dit is waarom ik dit boek besloot te schrijven: om een paar van mijn inzichten over hoe om te gaan met uitdagingen die we allemaal tegenkomen en mijn gezichtspunt van wat oprecht geluk werkelijk is te delen.

De meeste mensen nemen aan dat we geen geluk kunnen vinden in het aangezicht van tegenslag en onfortuinlijke omstandigheden. Door mijn variatie van ervaringen, heb ik langzaam aan geleerd dat dit inderdaad mogelijk is, omdat ik zelf door vele uitdagende tijden ben gegaan. Als kind was mij een positie van hoge sociale status ontzegd en in plaats daarvan leefde ik een zwaar leven; ik hoedde yaks in de bergen bij temperaturen van wel minus dertig graden. Toen ik een tiener was vond ik intense blijheid in romantische liefde, van welke ik voelde dat het eeuwig zou duren. Echter nadat mijn vader stierf, maakte ik de moeilijke beslissing om deze levenservaring op te geven omdat ik uiteindelijk een oprechte roeping voelde om mijn ouders hun wens te honoreren en monnik te worden.

Ik trad in het klooster op een vrij late leeftijd en ik vond het moeilijk om geaccepteerd te worden en me aan te passen aan deze complete nieuwe manier van leven. Ik moest het opnemen tegen monniken die sinds kindertijd full-time getraind waren, terwijl ik een lage yakhoeder was. Later vond ik het ook zeer uitdagend om me aan te passen aan de cultuur en levensstijl in Australië, waar ik absoluut niet één persoon kende en alleen een paar woorden Engels sprak.

Door mijn vele jaren van authentieke boeddhistische training, evenals mijn rijke en diverse ervaringen levend in een moderne westerse wereld, werden mijn ogen geopend voor het feit dat geluk niet afhangt van de condities die mensen er normaal mee associeren. Ik ben zo fortuinlijk geweest om een dieper begrip van geluk te verkrijgen en wens te delen met jou wat ik heb verworven door middel van tegenslag en onfortuinlijkheid in plaats van te vertrouwen op een comfortabel leven. Als ik reflecteer op mijn eigen ervaringen, begrijp ik nu dat het moeilijke tijden waren die me leerden om gelukkig te zijn, me innerlijke kracht en een hernieuwde waardering voor vele dingen gaven.

Toen ik in het Westen aankwam, met zijn totaal andere cultuur dan de mijne, werd tot mijn verbazing al het begrip dat ik had opgedaan over geluk versterkt. In plaats van mijn perspectief te veranderen, werden de opvattingen die ik had, verrijkt en verdiept. Dit gebeurde nadat ik de afgelopen jaren veel westerlingen had ontmoet en gesproken en ook het leven in het Westen van dichtbij kon observeren en een bétje kon leren over concepten uit de westerse psychologie, filosofie en wetenschap. Ik heb geprobeerd deze inzichten in de tekst te verweven in de hoop de diepe wijsheid van de Tibetaans-boeddhistische traditie toegankelijker te maken. Ik deel ook mijn achtergrond in de Boeddhistische traditie door het hele boek heen. Misschien zullen sommigen van jullie dit nuttig vinden, vooral als je nieuwsgierig bent naar het idee van een 'spiritueel leven', dat vaak verkeerd wordt geïnterpreteerd door mensen in de moderne wereld.

HOE LEEST U DIT BOEK?

Ik hoop dat dit boek als een spiegel zal zijn waardoor je je hele leven ziet: het verleden, het heden en de toekomst. Er is bijvoorbeeld veel te verwerven met het lezen van dit boek van het begin tot het einde, om jezelf te herinneren aan nuttige ideeën en concepten die je mogelijk vergeten bent en je dan voor te bereiden op het volgende stadium van je leven waar je je op begeeft. Of je kunt kiezen om de kersen van de taart te plukken door te leren begrijpen zoals het was als je jong bent of wensend om vooruit te kijken, vind je de paragrafen voor oudere mensen misschien nuttig. Mogelijk ben je oud en identificeer je met de initiële paragrafen voor tieners en jongvolwassenen. Het zal allemaal afhangen van je eigen zienswijze en ervaringen. Wat dan ook, ik bid dat dit boek je op enige manier zal helpen, welke religie of geloof je ook volgt, om je voor te bereiden om een gelukkiger en een betekenisvoller leven te leiden.

Een Introductie naar Geluk

WAT IS GELUK?

Gaat geluk alleen over je goed voelen of opgewonden zijn of een comfortabel leven leiden en onze verlangens laten uitkomen? Dit zijn allemaal kenmerken van geluk, maar het is echt zoveel meer. Wanneer we het woord geluk gebruiken, zijn we ons vaak niet bewust van de enorme diepgang ervan. Dit ene woord kan zijn grenzeloze potentieel niet adequaat beschrijven. Het volgende hoofdstuk is bedoeld om onze definitie van geluk uit te breiden en de talloze manieren te benadrukken waarop we het in ons leven kunnen brengen.

Iedereen zal een andere interpretatie hebben van wat geluk voor hen betekent en men zal het vaak vanuit zijn eigen gedefinieerde perspectief bekijken. Wat ik je wil voorstellen, is het concept dat geluk veel meer dan één niveau van zijn heeft. Als we deze vele dimensies echt herkennen en waarderen, zal de deur opengaan naar het begrijpen en realiseren van de diepere niveaus van geluk. Dit besef wijst ons op het oneindige potentieel voor geluk dat veel groter is dan waar we ons ooit van bewust zijn geweest.

Oppervlakkig gezien omvat geluk hoogstwaarschijnlijk fysiek comfort, mentale opwinding, tijdelijke gevoelens van plezier, evenals gevoelens van liefde en acceptatie. Op een iets dieper niveau kan geluk ook betekenen dat je volledig opgaat in een bepaalde activiteit of dat je streeft naar een bepaald doel. Ik wil er hier op wijzen dat een blije gemoedstoestand niet noodzakelijk gepaard gaat met het bereiken van doelen, maar veeleer tijdens het proces van enthousiast naar hen toe bewegen. Op en binnen elk van deze niveaus wordt een verschillende graad van voldoening of tevredenheid gevoeld.

Er is echter een andere manier om ons tegelijkertijd bewust te worden van ons lijden en onze zegeningen. Dit komt nog vanuit een dieper perspectief, waar geluk voortkomt uit een groter begrip van de duisternis in ons leven. Wat betekent het om de duisternis in ons leven te 'accepteren'? Een voorbeeld zou kunnen zijn dat als we al onze rijkdom of zelfs een goede vriend zouden verliezen, en we nog steeds in staat zijn om een perspectief te behouden waarin we onze gezondheid, goede geest en een leven waarin voor veel dingen wordt gezorgd waarderen. Geluk en tevredenheid kunnen alleen verschijnen als we de lichte kant van het leven echt waarderen, terwijl we begrijpen dat de donkere kant een natuurlijk en normaal onderdeel van het leven is.

Als iemand niet weet dat de hele oceaan zout is, dan zou hij het weinige verse water niet waarderen dat hij heeft in het midden van de oceaan. Echter, als iemand weet dat het bijna onmogelijk is vers water te vinden in de oceaan, omdat de oceaan zout en ondrinkbaar is, zal hij duidelijk het kleine beetje vers water waarderen dat komt met regen. Dus we kunnen alleen werkelijk het leven waarderen als we ons bewust zijn van zijn 'lijdende' aard.

Over het algemeen vallen we in een bepaalde situatie in een van de twee uitersten: aan de ene kant kunnen we het lijden negeren en aan de andere kant kunnen we volledig gefixeerd zijn op dit lijden. In het eerste geval schermen we ons af van de realiteit van het leven en worden we verrast als er iets onverwachts gebeurt, zoals het verlies van een baan of het overlijden van een geliefde. In het tweede geval worden we verteerd door deze duistere kant, en kunnen we depressief worden of in een soort berustende acceptatie raken en uiteindelijk de vele zegeningen die het leven met zich meebrengt niet meer waarderen.

Deze meer uitdagende omstandigheden die ons overkomen, worden een rijke leerschool om een soort geluk te ontdekken dat van binnenuit komt—ondanks de ups en downs van het leven. Dit idee komt overeen met de leringen van vele spirituele tradities en filosofieën die ons vertellen dat dieper geluk betekent dat we lijden moeten accepteren als een natuurlijk onderdeel van het leven. Waar, zodra deze acceptatie is bereikt, we een gevoel van waardering en innerlijke vrede voelen met een verhoogd vermogen om onze emoties te beheersen.

Het begrijpen van de duisternis in ons leven verhoogt ook onze compassie, als we ons realiseren dat alle wezens lijden aan dezelfde moeilijkheden als wij. We kunnen dan een diep verlangen ontwikkelen om vriendelijk te zijn en een onbevooroordeelde, onvoorwaardelijke liefde en compassie te ontwikkelen, plus de neiging te reduceren alleen te denken aan onze eigen zelfzuchtigheid. Dit brengt ons tot een zelfs dieper niveau van geluk en moedigt en prikkelt ons aan om ons leven te wijden aan iets groter dan onszelf.

Het diepste en meest diepgaande niveau van geluk is uiteindelijk het ontdekken van de aangeboren 'onbaatzuchtige natuur'; de wortel van ons wezen. Dit is onze horizontale bron van enthousiasme en onbevooroordeelde liefde, totaal onafhankelijk van uiterlijke omstandigheden. Ook al mag dit idee niet volledig geaccepteerd zijn door 'moderne' psychologie, het wordt omarmd door vele van de werelds grootste wijsheidstradities en kan ontdekt worden door de beoefening van meditatie. De voordelen en beoefening van meditatie zijn bevestigd binnen vele spirituele tradities die het onafhankelijk van elkaar hebben ontdekt. In de Boeddhistische traditie noemen we dit onze 'verlichte natuur' welke wordt ontrafeld als we elk spoor van egoïsme opgeven. Daardoor ontdekken we ons ware potentieel om volledig gelukkig te zijn, controle over onze emoties te krijgen en anderen te helpen zonder de noodzaak om iets terug te verwachten.

Moderne psychologie spreekt ook van verschillende niveaus van geluk. Volgens Martin Seligman, soms bekend als de vader van Positieve Psychologie, zijn er drie basis niveaus. Allereerst is er het moment-tot-moment gevoel van plezier waar we allemaal naar streven. Dan is er de vreugde die komt uit het opgaan in een bepaalde taak of het proces van een bepaald doel bereiken. Uiteindelijk is er een diepgaande besef van zingeving en voldoening voortkomend uit de wetenschap dat het leven wonderbaarlijk en betekenisvol is.

Hoewel we allemaal verschillende ideeën hebben over wat geluk voor ons betekent, gelden deze verschillende niveaus voor ons allemaal, ongeacht wie we zijn. Het op deze manier begrijpen van geluk kan ons een veel rijkere waardering geven van het uiteindelijke potentieel en de kracht ervan. In dit boek zal ik het hebben over hoe je deze verschillende dimensies van geluk kunt vinden. Ik hoop dat ieder van jullie zal vinden wat bij je past en dat je iin staat zal zijn om het toe te passen op een manier die voegt bij jouw persoonlijkheidstype en huidige begripsniveau. Ik zal echter benadrukken dat het cultiveren van ware vervulling op de diepere niveaus van geluk sterk gebaseerd is op mededogen en altruïsme. Als we deze waarden in onszelf kunnen vinden, ongeacht de ups en downs van het leven, zullen we een diepte in ons wezen ontdekken die een constante bron van vreugde, vrede, tevredenheid en moed is.

IS GELUK HAALBAAR?

Het is absoluut noodzakelijk dat we onderzoeken of geluk wel of niet haalbaar is. Hebben we allemaal een aangeboren potentieel voor geluk? Is het afhankelijk van oorzaken en omstandigheden? En zo ja, wat zijn de juiste oorzaken en omstandigheden? Of is het 'voorbestemdheid', iets dat gewoon gebeurt als dingen 'op hun plaats vallen'?

Elk levend wezen heeft een aangeboren verlangen om enige graad van geluk te bereiken, ongeacht waar ze zich in het leven bevinden of hoe oud ze zijn. Sommige mensen zouden gedesillusioneerd kunnen zijn en kiezen onverstandige handvatten voor het bereiken van succes. Bijvoorbeeld: sommige mensen zouden fysiek of emotioneel iemand kunnen schaden, denkend in onwetendheid, dat dit hun voldoening en plezier zal brengen. Onafhankelijk van hoe mensen denken dat zij dit gaan bereiken, is het belangrijk te realiseren dat geluk en voldoening de ultieme drijvende krachten zijn achter alles wat we doen.

Om te antwoorden op de eerste vraag, ja, we hebben allemaal het aangeboren potentieel om geluk te bereiken. Elk geloofssysteem op deze wereld, zowel theïstisch als niet-theïstisch, vertellen ons dat geluk niet een willekeurig noch een product van toeval is. Daarom hebben we allemaal het potentieel om het te bereiken. Destemeer, het idee dat we elk een statisch potentieel voor geluk hebben dat zelden verandert ('geluk startpunt'), wordt betwist. Traditionele en spirituele culturen en modern wetenschappelijk onderzoek laten zien dat als we geluk cultiveren met vastberadenheid en kunde, we het ook absoluut kunnen bereiken.

In de hedendaagse wereld en gedurende de menselijke geschiedenis is er levend bewijs dat vele mensen inderdaad hoge niveaus van geluk hebben bereikt. Bovendien is het vaak het resultaat van significante tegenslagen en hard werk. We weten dit uit hun daden, hun eigen beschrijving en de bevestiging van anderen. Er zijn een beperkt aantal mensen die we zelfs 'verlicht' mogen noemen en zonder uitzondering vertonen zij hetzelfde aangeboren potentieel voor verlichting dat in ons allemaal zetelt.

Ten tweede wierpen wij de vraag op: is geluk afhankelijk van oorzaken en omstandigheden of is het gewoon willekeurig of 'voorbestemdheid'? Als we hier over 'oorzaken' spreken, dan stellen wij ook de betekenis van 'karma' aan de kaak, een Boeddhistische term dat de causaliteit beschrijft van onze acties en hun relatie tot onze eigen ervaringen. Daarom heeft ons gebruik van het woord 'oorzaak' hier betrekking op het 'oorzaak en gevolg' principe dat karma aan het licht brengt. Onze definitie hier van 'omstandigheden' staat in verband tot de bijdragende factoren welke een effect mogelijk maken. We zullen die van meer detail voorzien in het volgende hoofdstuk.

We kunnen zeggen dat het antwoord op de bovenstaande vraag, ja is, geluk is volledig afhankelijk van oorzaken en omstandigheden. Als we kijken naar de geschiedenis van de menselijke beschaving en zelf als we kijken naar onze eigen ervaring, zullen we zien dat alles dat ons overkomt en alles wat we doen, voortkomt uit oorzaken en omstandigheden. Daarom is het onmogelijk voor geluk om gewoon willekeurig te verschijnen. In dit universum is er niets welke niet afhangt van specifieke oorzaken, inclusief vele aspecten van ons leven zoals onze familie, relaties, cultuur, gezondheid, economisch systeem even als de gezondheid en balans van de natuurlijke wereld.

Op een waarneembaar niveau kunnen we het er allemaal over eens zijn dat niets gebeurt zonder specifieke oorzaken. Evenzo hangt de manier waarop we dingen waarnemen, inclusief alle gedachten en emoties die door onze geest gaan, ook af van bepaalde oorzaken en omstandigheden. Daarom kunnen we op dezelfde manier over geluk spreken.

DE JUISTE OORZAKEN EN OMSTANDIGHEDEN CREËREN

Als we nu overeenkomen dat geluk haalbaar is, dan moeten we ons afvragen wat het teweeg zal brengen. Ik geloof dat deze vraag de belangrijkste vraag is die een uitgebreid antwoord vergt. Hieronder is een korte uiteenzetting en daarna zal ik meer detail geven in de verdere hoofdstukken.

Om allereerst onze vraag te beantwoorden, moeten we ons afvragen of de meerderheid van ons oprecht gelukkig is. Als we eerlijk reflecteren zou het antwoord een algemeen 'nee' kunnen zijn. Ook al komen we gelukkig over, er zou een onderliggend gevoel van 'iets is ontbrekend' aanwezig kunnen zijn, of we zouden gemakkelijk van ons apropos kunnen raken als iets onverwachts gebeurd.

Bijvoorbeeld: de meeste mensen denken dat 'als ik enkel maar zo veel rijkdom had' of 'als ik maar gezond of mooi was', of 'als enkel die relatie zou slagen...', dan zouden ze gelukkig zijn. Deze kortzichtige manier van denken leidt ons er toe geluk na te jagen door materieel comfort, mentale extase, vluchtig genot en de wens om geaccepteerd en geliefd te zijn. Ook al zouden we het niet eens realiseren, we zouden een compleet leven onafgebroken deze negatieve totems zoals rijkdom en sociale status na kunnen streven.

Helaas, door op deze manier te denken vertalen we de materiële omstandigheden die ons vluchtig plezier en comfort brengen voor het 'geluk' zelf. We raken zo gefocust op deze secundaire omstandigheden dat we opgesloten raken in een tunnelvisie, onwetend van de primaire oorzaken van ons geluk. Bijvoorbeeld, we missen de kans om oprecht geluk te vinden volledig ondergedompeld en betrokken in een activiteit die we betekenisvol vinden. We zouden geluk en berusting niet kunnen opmerken voortkomend uit dankbaarheid en waardering voor de simpele dingen. Enkel op secundaire omstandigheden focussen is als hard werken in een baan die vrij weinig betaalt. Als je hoog gekwalificeerd bent om een baan te beoefenen met een veel beter salaris, terwijl je nooit een kans krijg om het uit te vinden.

Maar echt, we moeten begrijpen dat het ware doel van deze levenscyclus is te focussen op onbevooroordeelde compassie ontwikkelen, anderen te helpen en te leren onszelf te accepteren voor wie we werkelijk zijn, anders dan vast klampen aan een imago van onszelf waar we naar proberen op te leven. Geluk hangt af van hoe duidelijk we op een dieper niveau we het leven en zijn omstandigheden begrijpen. Een wijze visie stelt ons in staat in te zien dat we niet kunnen verwachten dat het leven altijd makkelijk of succesvol zal zijn, of dat we zelfs winst zullen behalen door hard werken. Iedereen in de moderne wereld lijkt succes te willen bereiken door te streven naar hard werk om iets te bereiken, echter de prijs van op deze manier denken is dat we onvoorbereid zijn als een noodlottig scenario plaats vindt. Aan de andere kant als we zorgvuldig kunnen reflecteren om ware compassie en acceptatie te begrijpen, dan kunnen we veel beter voorbereid zijn om het ergste te accepteren, wat voor ongeluk of verdriet ons ook toevalt. Deze bredere visie leidt natuurlijkerwijs tot een staat van geest waar we niet langer ontevreden zijn en onze zelfgenoegzaamheid is grotendeels verminderd. Om zelf-koesterend te zijn betekent niet dat we bijzonder egoïstisch zijn. Het betekent echter dat we anderen niet boven onszelf stellen of we onszelf boven anderen stellen. Onszelf prioriteit geven is een normale en diep ingebakken gewoonte, terwijl het meeleven met anderen en hen als gelijken zien van onszelf, toewijding en training vergt.

De meest krachtige en ware oorzaak van geluk is de vaardigheid om oprechte liefdevolle vriendelijkheid en compassie te ontwikkelen op een onbevooroordeelde manier. Deze staat van geest is de ware oorzaak van geluk voor iedereen, onafhankelijk van hun omstandigheden. We beginnen te ontdekken dat het richten op de geluk van andere mensen ons natuurlijkerwijs gelukkig zal maken en dat enkel bezorgd zijn met ons eigen geluk tot teleurstelling leidt en tot het falen van wat we verwachten te behalen. Als je het diepste niveau van liefde en compassie behaalt, dan voel je je thuis waar je ook gaat. Je zal capabel zijn om een diep niveau van compassie en verdraagzaamheid te bewaren voor wie dan ook, hen de mogelijkheid geven zich compleet op hun gemak te voelen, wie je ook ontmoet, onafhankelijk van hun houding en acties.

Zelfs als we enige vorm van vriendelijkheid en compassie hebben, is het meestal nog steeds beperkt of gedeeltelijk, geassocieerd met een zekere mate van gehechtheid, egoïsme of zelf-koestering. Als we daarentegen liefde en compassie op onvoorwaardelijke wijze ontwikkelen, kan ons geluk zo krachtig en zeker worden dat gevoelens als verdriet, depressie, eenzaamheid en zelfs stress veel minder kans hebben om op te komen. Uiteindelijk is de basis voor deze onvoorwaardelijke compassie toegang tot onze verlichte of aangeboren 'onbaatzuchtige' aard, en zelfs vluchtig mededogen brengt ons hier dichter bij.

HET BELANG VAN DE GEEST IN HET CREËREN VAN GELUK

Er is niets goeds of slechts, maar denken maakt het zo.
William Shakespeare

~

Op dezelfde manier zoals we denken dat onze geluk afhangt van externe omstandigheden, kunnen we er ook in trappen te geloven dat ongelukkig zijn afhangt van het externe. Bijvoorbeeld, we zouden ons gebrek aan geluk kunnen wijten aan een gebrek aan geld dat ons geen vakantie laat hebben, onze baas die ons niet respecteert, of onze partner die ons niet genoeg lief heeft. Echter, het zijn niet externe gebeurtenissen die ons ongelukkig maken - het is onze geest.

Ik zal het uitleggen met een persoonlijk voorbeeld. Toen ik dit boek begon te schrijven, was ik net verhuisd naar een nieuw huis. We vonden dat we teveel betaald hadden en een paar dagen later ging de heetwatervoorziening stuk. Het was gemakkelijk om afkeer te hebben voor het met ijskoud water douchen in de winter en te dwepen in ons zelfmedelijden. Echter na onze omstandigheden opnieuw te bezien, hadden we de mogelijkheid de situatie met een frisse blik te bekijken. Wij realiseerden ons dat we eigenlijk heel fortuinlijk waren om een eigen huis te bezitten en om stromend water te hebben, omdat veel mensen in de wereld niet eens schoon water hebben om te drinken. Door naar ons probleem te kijken vanuit dit nieuwe perspectief begonnen we te waarderen wat we hadden, in plaats van wat we niet hadden en waren we in staat te zien hoe miniem ons ongeluk was.

Dit voorbeeld is eigenlijk vrij triviaal in vergelijking met de vele uitdagingen waarmee we te maken zullen krijgen. Een andere illustratie houdt verband met de meest geliefde persoon in mijn leven, mijn lieve moeder die in 2007 is overleden. Gedurende deze tijd, probeerden mensen tegen wie ik erg aardig was geweest en die ik veel had vertrouwd, mij te schaden—ondanks mijn beste intenties om hen te helpen. In eerste instantie was ik extreem geschokt en voelde alsof mijn hele wereld overhoop gehaald werd. Ik voelde alsof ik alles had verloren en dat mijn gehele levenswerk erg weinig betekende. Toen ik echter de ergste dingen overwoog die hadden kunnen gebeuren, realiseerde ik me dat mijn situatie eigenlijk niet zo slecht was. Ik had nog mijn gezondheid en mijn integriteit, ik voelde me nog steeds veilig en ik had nog steeds mensen om me heen die voor me zouden zorgen en om me gaven.

Als ik terugdenk aan enkele van mijn andere ervaringen, besef ik nu dat tegenspoed vaak onverwachte kansen met zich meebrengt. Als we onszelf toestaan situaties in dit positief licht te zien, kunnen we veel baat hebben bij het beoefenen van dankbaarheid. Deze vorige situatie heeft me bijvoorbeeld een aantal belangrijke lessen over mezelf geleerd, lessen die ik nu en in de toekomst kan toepassen. Als gevolg daarvan heeft het ook enkele van mijn relaties met mijn naasten versterkt.

Door te leren onze geest te veranderen en dingen vanuit een ander gezichtspunt te bekijken, kunnen we alles waarderen wat we wel hebben, zoals stromend water en daarom is het even niet hebben van warm water echt niet zo'n groot probleem. We kunnen dan ook leren beseffen en accepteren dat ongeluk voor ons allemaal een natuurlijk en onvermijdelijk onderdeel van het leven is. Bovendien kan iets dat misschien ongeluk lijkt, ons in feite enkele waardevolle lessen leren. Op deze manier zal een vriend die zich tegen ons keert, de dood van een geliefde of het verlies van iets waar we hard voor hebben gewerkt niet noodzakelijkerwijs betekenen dat we ongelukkig zijn. Ook al voelen we intens verdriet, als we leren moeilijke situaties te accepteren en tegelijkertijd een standvastige en evenwichtige kijk te behouden, zullen we veel minder ellende ervaren.

Zoals Zijn Heiligheid de Dalai Lama uitlegt, de ware oorzaken van geluk kunnen fundamenteel gevonden worden in onze geest:

Inderdaad kunnen externe omstandigheden bijdragen aan ons geluk en welzijn, maar ultieme geluk en lijden hangen af van de geest en hoe deze waarneemt.

LIJDEN EN ZIJN OORZAKEN BEGRIJPEN

De grote wijsheidstradities van bijna elke cultuur leiden ons naar eenzelfde idee: dat geluk niet een aangeboren of natuurlijke staat van leven is. Sommige mensen denken echter dat we een 'recht' om het ware geluk te bereiken hebben en verwachten om die reden het te vinden. Deze manier van kijken zal helaaas altijd leiden tot teleurstelling. Daarom is het net zo belangrijk om de 'duistere momenten' te accepteren evenals de 'lichte' te waarderen in ons leven. De eerste stap om geluk te bereiken is te weten dat lijden een onvermijdelijk onderdeel van het leven is. Kijk om je heen en denk aan alle mensen die je koestert. Elke seconde, vanaf het moment dat ze geboren worden, worden zij ouder en naderen de dood. We weten niet wie een lang leven of een kort leven zal hebben. Dit gaat ook over jou. Ziekte en dood kunnen ten elke tijd arriveren zonder waarschuwing en zelfs met de beste medische zorg in de wereld is er niets dat we eraan kunnen doen. Bijna al onze ervaringen bevatten enig element van lijden, zoals het niet krijgen wat we willen, het krijgen wat we niet willen, het afscheid nemen van de mensen van wie we houden of mogelijk het houden van iemand die niet echt zo veel van ons houdt. We kunnen zelfs een algemeen gevoel van ontevredenheid hebben dat we niet kunnen vatten, waardoor we alle conventies van de mensen om ons heen in twijfel trekken. Omgekeerd zijn goede omstandigheden ook voorbestemd om te veranderen, in welke levensfase we ons ook bevinden.

We kunnen de onvermijdelijkheid van het lijden beter begrijpen als we onszelf toestaan dat te accepteren, ook al streven we hard van geboorte tot dood, we kunnen nooit blijvend geluk veiligstellen. Omdat als het leven niet dit inherente lijden zou bevatten en in plaats daarvan 'neutraal' was, dan zouden de meeste mensen authentiek geluk vinden omdat iedereen geluk nastreeft van geboorte tot dood. Dit is echter niet het geval en het is zeldzaam om iemand te vinden die inderdaad authentieke geluk heeft bereikt. En wanneer we enige moment van geluk vinden, in plaats van het voor als vanzelfsprekend te nemen, dan zouden we moeten leren het werkelijk te koesteren en ons gelijk laten verbazen daardoor! We zouden realiseren dat geluk vinden in een leven doordrenkt met lijden is als een waterval vinden temidden van een woestijn!

Ik zeg echter niet dat, aangezien lijden zo'n onontkoombaar onderdeel van het leven is, we het gewoon als ons lot moeten accepteren, omdat er geen manier is om het te overwinnen. Een goede analogie hier is dat als we ziek zijn, we een arts raadplegen die ons vertelt waarom we ziek zijn en die kan ons medicijnen voorschrijven om ons beter te laten voelen. Dus op dezelfde manier als we lijden kunnen herkennen voor wat het is, kunnen we diep nadenken over de oorzaken en omstandigheden die leiden tot zowel lijden als geluk. Soms zijn we zo vaak gefixeerd op het geluk of het lijden dat we ervaren, dat we ervan overtuigd raken dat het door geluk of ongeluk komt. Daarom overwegen we zelden om de oorzaken te identificeren met de wens om het te veranderen. Het is dus het verstandigst om naar de wortel of de bron van het probleem te kijken, zoals een dokter die de oorzaak van een ziekte identificeert.

Dit leidt ons dan tot de vraag: wat is de grondoorzaak van al ons lijden en onze ontevredenheid? Omdat we nu begrijpen dat geluk en lijden niet direct worden veroorzaakt door externe gebeurtenissen, maar eerder door hoe de geest reageert op externe gebeurtenissen, kunnen we nu zeggen dat de bron van ons lijden star of onverstandig denken is. Telkens wanneer we niet accepteren wat er om ons heen gebeurt, raken we opgesloten in een kooi van negatieve gedachten en emoties zoals woede, hebzucht, trots, jaloezie of angst. Deze sterke emoties nemen de controle over ons door op onze negatieve gedachten te jagen en deze te versterken. Deze zich herhalende cyclus zal alleen worden doorbroken als we eindelijk in staat zijn om de negatieve emoties los te laten en te vervangen door gezondere manieren van denken en voelen.

Een andere manier om ernaar te kijken is te zeggen dat lijden en ontevredenheid afhangen van hoe koppig de geest vasthoudt aan zijn verwachtingen van het leven dat zich op een bepaalde manier ontvouwt. Omdat we de neiging hebben veel belang te hechten aan externe gebeurtenissen, raken we ofwel gehecht, ofwel duwen we ze weg en dit is eigenlijk wat ons niveau van geluk beperkt.

Dit wetende, is het mogelijk om duurzaam geluk te bereiken? Het antwoord is een bevestigend 'ja', omdat geluk afhangt van oorzaken welke we reeds hebben besproken en omstandigheden waar we dieper op ingaan in het volgende hoofdstuk. In het bijzonder hangt het af van de ontwikkeling van een wijze, flexibele geest die niet terneergeslagen is door verwachtingen, tezamen met constructieve gedachten en acties zoals onbaatzuchtige liefde en compassie. Deze ware compassie evolueert natuurlijkerwijs wanneer we kwaliteiten ontwikkelen zoals een goede ethische gedragswijze, vastberadenheid en wijsheid.

Omdat geluk en lijden beide afhankelijk zijn van specifieke oorzaken, laten we onszelf toestaan te denken dat als we erin slagen de oorzaken van lijden achter ons te laten en de oorzaken van geluk te omarmen, we er dan volledig op kunnen vertrouwen dat we blijer zullen worden en misschien uiteindelijk een oneindige staat van blijvend geluk zullen bereiken. Dan zullen we echt worden als de diepe oceaan die kalm blijft, hoe ruw de golven het oppervlak ook beïnvloeden. Dit is geen gemakkelijke taak, maar als alle oorzaken van lijden volledig zijn uitgeroeid, is ongelukkigheid niet langer mogelijk!

ALOUDE WIJSHEID, MODERNE WERELD

Wat ik tot dusver heb uitgelegd, is aanzienlijk beïnvloed door mijn perspectief als een Boeddhistische monnik. Ik geloof dat we ons begrip van de ware oorzaken van geluk verder kunnen verdiepen door te kijken naar sommige inzichten die de westerse en oosterse filosofie bevatten en ook door de ontdekkingen van moderne psychologie en neurowetenschap te onderzoeken.

Vele van de grote westerse filosofen vertellen ons ook dat om enige vorm van geluk te vinden we de realiteit van lijden moeten accepteren en ons realiseren dat wijzer denken ons zou kunnen helpen om het te overwinnen. Seneca, leraar van de gemene Roomse Keizer Nero, zag uit eigen ogen de consequenties van woede. Gebaseerd op zijn ervaring, sprak hij van het gevaar van onrealistische verwachtingen te hebben die ons laten denken dat veel dingen oneerlijk of teleurstellend zijn, dus ons wijzend naar frustratie en lijden.

Socrates, die beweerde dat een 'niet onderzocht leven niet waardig leven is', benadrukt het belang van gebruik van logische redenering om aannames te bevragen waar we vaak aan vastklampen, zoals 'rijk zijn maakt ons gelukkig'. Epicurus, ondertussen, stelde voor dat de oorzaken van een gelukkig leven voortkomen uit sociaal gezelschap, eenvoudigheid en een voldoende geanalyseerd leven; aan de andere kant, te veel focus op genot zoeken, zou altijd leiden tot ontevredenheid.

Moderne psychologie erkend deze algemene principes ook. In de hedendaagse wereld lijden vele mensen in onze gemeenschap aan depressie of hebben enige vorm daarvan doorgemaakt. Een manier om depressie te behandelen is cognitieve gedragstherapie, welke mensen helpt om meer bewust te worden van hun negatieve gedachten en waarnemingen en ze dan te vervangen met meer rationele gedachten welke de realiteit van de situatie beter reflecteert. Bijvoorbeeld, we zouden kunnen denken dat we onwaardig zijn als we een vergissing maken. Deze aanname laat ons dan vergeten dat niemand perfect is en dat onze waarneming van eigenwaarde werkelijk van binnenuit komt. Dit soort therapie kan mensen met depressie net zo effectief helpen als medicatie. Het kan gebruikt worden om een variëteit aan onbehulpzame denkgewoonten voortkomend uit destructieve emoties zoals woede, schuld en angst te overwinnen. Het geeft de patiënten handvatten om hun negatieve denkpatronen te herkennen en de discipline van regelmatige mentale training kan hen dan helpen negatieve denkgewoonten te overkomen en de realiteit van hun situatie duidelijker te zien.

Ook al heeft moderne psychologie voornamelijk de focus op het begrijpen en behandelen van mentale ziekte, in recente jaren is er ook veel onderzoek gedaan naar de factoren die ons laten bloeien en een veel hoger niveau van geluk doen bereiken. Dit veld van 'positieve psychologie', dat focust op hoe positieve mentale staten te cultiveren, heeft onthuld dat er drie cruciale componenten van geluk zijn: plezier, betrokkenheid bij het leven en een groter doel van het leven vinden. Van deze drie componenten, heeft onderzoek laten zien dat plezier verreweg de minst belangrijke oorzaak van een gelukkig en voldoening gevend leven is. Er zijn vrij veel vaardigheden die we kunnen oefenen om ons gevoel van betrokkenheid en betekenis kunnen vergroten, zoals een 'dankbaarheids dagboek' of vrijgevig gedrag in het bijzijn van anderen.

Van het grote aantal psychologische studies die kijken naar de vraag naar geluk, zou ik er één willen noemen die in het bijzonder interessant is (uitgevoerd door Philip Brickman in 1978). Veel mensen dromen van het winnen van de loterij en denken dat als ze de jackpot zouden winnen, zij gelukkig zouden zijn. Echter, de psychologen die loterij winnaars bestudeerden vonden dat zij in het algemeen na een jaar niet gelukkiger waren dan zij voorheen waren geweest. Mensen die dwarslaesie hadden gekregen door een soort ongeluk, waren ook geïnterviewd. Je zal het zonder twijfel eens zijn dat dit een vreselijk iets is en inderdaad de meeste mensen met dwarslaesie gaven toe dat in de eerste maand na hun ongeluk ze ten minste één keer hadden gedacht om zelfmoord te plegen. Echter een jaar na hun ongeluk was het merendeel even gelukkig als zij voor het ontwikkelen van de dwarslaesie waren geweest. Feitelijk waren de meesten even gelukkig als de loterijwinnaars een jaar na de loterij gewonnen te hebben! Deze studie laat duidelijk en ondubbelzinnig zien dat noch geluk noch niet-geluk afhangt van externe omstandigheden. Geluk komt van binnenuit en is afhankelijk van hoe we onze situatie waarnemen.

Geloven wetenschappers dat blijvende geluk mogelijk is voor iedereen? Neurowetenschappers hebben ontdekt dat de hersenen een ongelooflijke vaardigheid hebben om te veranderen als we onszelf trainen op een bepaalde manier te denken, bekend als neuroplasticiteit. Experimenten hebben laten zien dat als een persoon goed oplet wat gezien of gedaan is, de gebieden van de hersenen die visuele signalen ontvangen of beweging registreren groter worden. Bijvoorbeeld, als we vele jaren besteden aan viool spelen, zal het gedeelte van de hersenen dat vinger bewegingen aanstuurt groter worden. Op eenzelfde manier, als we een groot deel van onze tijd besteden aan focussen op liefde en compassie, zullen vele delen van de hersenen in het bijzonder de linker prefrontale cortex veranderen. Veel wetenschappers geloofden dat iedereen een 'geluk startpunt' een bepaald niveau van geluk had, welke we werkelijk niet konden veranderen wanneer we eenmaal volwassen werden. Nu, met het voordeel van nieuw onderzoek, zijn wetenschappers aan het ontdekken dat de hersenen kunnen worden veranderd op elke leeftijd.

Daarom moeten we onszelf kunnen trainen om ons niveau van geluk te verhogen, ongeacht hoe oud we zijn, zolang we de voorwaarden kennen die nodig zijn voor een gelukkig leven.

HOOFDSTUK TWEE

De Voorwaarden voor Geluk Verkennen

We zullen nu zorgvuldig kijken naar de belangrijkste voorwaarden voor geluk; deze voorwaarden gelden, onafhankelijk van een persoon zijn levensstijl of levensfase. We hebben allemaal een aangeboren potentieel voor geluk, echter we moeten ons bewust zijn van de specifieke voorwaarden, die zullen leiden tot de ontdekking van dit hele potentieel. We hebben al genoemd dat geluk afhangt van de geest in plaats van externe gebeurtenissen, en bovendien hangt het af van vele oorzaken en omstandigheden gerelateerd aan hoe we denken en handelen. Om te beginnen, zullen we de vraag verkennen van menselijke basisbehoeften.

MENSELIJKE BASISBEHOEFTEN

Allereerst, moeten we erkennen dat er bepaalde menselijke basisbehoeften zijn, waar we voor de meeste van ons, aan tegemoet moeten komen voordat we bekwaam zijn om de hogere dimensies van geluk te overdenken. Bepaalde heel hoog ontwikkelde individuen, zoals sommige yogi's, lamas of kluizenaars die in de Himalayas wonen, kunnen geluk bereiken onafhankelijk van hun externe omstandigheden. Zij zijn bekwaam om rustig geluk te verkrijgen ondanks een vaak magere voorraad van voedsel, zeer basis onderdak en een gebrek aan menselijke contact—soms voor vele jaren. Dit is alleen bereikt door jaren van ijverige spirituele beoefening. De meeste van ons, echter, vereisen tegemoetkoming aan de volgende behoeften:

1. **Overlevingsbehoeftes**: Dit houd dingen in zoals eten, water en onderdak. Zonder dit, vind het merendeel van de mensen het onmogelijk om hun minds te focussen op hoger streven.
2. **Veiligheid**: Ondanks het feit dat er geen garanties zijn voor complete veiligheid, waar we ook zijn in de wereld, we moeten basis onderdak hebben voor de elementen—bijvoorbeeld, bescherming tegen brand en storm—evenals bescherming tegen worden beschadigd of vermoord door andere wezens.
3. **Contact en Communicatie**: Als we wensen om deel te nemen aan de maatschappij in een betekenisvolle manier, hebben we enige vorm van communicatie met anderen nodig. Dit kan direct met andere mensen zijn of door het geschreven woord. Communicatie stelt ons in staat om te leren en voorziet ons van leiding. Zonder communicatie is het extreem moeilijk om iets te bereiken de maatschappij te beïnvloeden of van dienst te zijn.
4. **Vrijheid**: Het is cruciaal om te begrijpen dat er verschillende vormen van geluk zijn—externe en interne. geluk is nog steeds mogelijk zelfs zonder externe vrijheid, zoals vrijheid van meningsuiting of de mogelijkheid om gezondheidszorg te bereiken. Het ontbreken van deze vrijheden, echter, zou het moeilijker maken om dingen te bereiken die belangrijk voor je mochten zijn. Aan de andere kant, innerlijke vrijheid, welke vrijheid van onze eigen emoties en verlangens inhoud, is absoluut noodzakelijk voor geluk. Ik zal hier later meer over vertellen.
5. **Erkenning en Respect**: Ik wijs niet naar roem of beroemdheid, echter erkenning van anderen dat je een individu bent en dat je gerespecteerd wordt al een autonoom menselijk wezen. Dit betekent dat je niet eenvoudigweg als een object of een koopwaar wordt ge-

zien. Als je in een democratisch land leeft, heb je waarschijnlijk reeds de rechten toegewezen gekregen en het respect van een individueel menselijk wezen.

Als aan elk van deze fundamentele behoeften voldaan zijn, bestaat het potentieel voor ons, tezamen met alle anderen, om grote geluk te bereiken. Ook al zou het verrassend lijken, we hebben eigenlijk niet iets meer nodig. Als we reeds fortuinlijk genoeg zijn om in deze basisbehoeften te voorzien maar falen ze te herkennen of waarderen, falen we om het meeste te maken van deze waardevolle mogelijkheid om een gelukkig persoon te worden. Iets meer najagen zou ons kunnen helpen om blijer te worden, maar onze inspanningen zouden ook kunnen terugkaatsen en onze situatie gecompliceerder kunnen maken en tot frustratie leiden.

Behoeftes vs verlangens

De vijf bovengenoemde basisbehoeften zijn nodig voor zowel overleving en om goedgezinde voorwaarden voor geluk te verkrijgen—zowel extern en, belangrijker, intern. In feite zijn ze essentieel voor geluk. Echter, deze basisbehoeften moeten alleen tegemoet gekomen worden op een basale manier. Daarom moet we het verschil tussen behoeften en verlangens kunnen onderscheiden. Wat bedoel ik hier mee? Door luxe na te streven en proberen vast te klampen aan meer en meer externe objecten, zouden we wat plezier of voldoening kunnen ervaren. Echter, we verliezen geleidelijk onze focus en vinden het daarom moeilijker en moeilijker om werkelijk gelukkig te zijn.

In de praktijk, kunnen we overleven met gewoon water, brood en wat groenten, maar in plaats daarvan willen we gewoonlijk vele verschillende variaties van eten en drinken. We kunnen warm blijven met alleen één of twee bescheiden klederdrachten, maar in plaats daarvan kopen we wellicht een hele kledingkast met modieuze kleding om ons imago op te vijzelen. Voor onderdak en bescherming, zoeken we vaak de luxe van een huis met meerdere kamers dan echt noodzakelijk. Het najagen van materiële dingen, zoals het laatste model auto waar we al jaren van gedroomd hebben, zou wellicht tot meer moeilijkheden leiden en ons weg leiden van geluk.

We hebben zo veel verschillende manieren om te communiceren en informatie te vergaren—mobiele telefoons, het internet, televisie en kranten, en sinds we gewend zijn geraakt aan deze media, kunnen we gemakkelijk ontevreden raken als onze verwachtingen niet worden gehaald. Bovendien, veel van ons zijn dwangmatig verzeild geraakt in het streven naar wat we als een beter leven beschouwen, lange uren werken en zelfs onszelf in de schulden steken om een 'beter leven' te financieren. Misschien als we in plaats daarvan de keuze maken om ons leven te versimpelen en een lager inkomen te verdienen, zouden we meer vrije tijd hebben om te wijden aan de soort dingen die ons leven een veel groter gevoel van betekenis geven.

Vaak zijn we niet tevreden om gewoon erkend te worden als een menselijk wezen, in plaats daarvan, willen we als iets speciaals worden beschouwd, boven anderen. We zoeken constant liefde en acceptatie, en we willen in hoog aanzien worden gehouden door onze partners, familie, vrienden en onze gemeenschap, wensend om hoog in het vaandel te staan bij hen waar we om geven. Daar bovenop, hebben we een zeer krachtige drang om verliefd te worden, welke bij de meeste van ons samen gaat met grote gehechtheid. Dit kan leiden tot jaloezie, rancune en zelfs een gebroken hart als de dingen niet uitpakken op de manier die we verwachten. Daarom moeten we werkelijk eerlijk zijn en onszelf er altijd aan herinneren dat er groot verdriet kan schuilen in de schaduw van romantische liefde, en het kan dat we het niet altijd nodig hebben om gelukkig te zijn.

Ook al mogen we denken dat geld ons gelukkig maakt, dit is ook niet noodzakelijkerwijs het geval. Inderdaad, we hebben geld nodig om te overleven, maar wat we beschouwen als 'genoeg' hangt af van onze houding. Sommige van ons kennen rijke mensen die veel minder gelukkig zijn dan die met bescheiden inkomens, de eerder genoemde loterij winnaars, lijken dit te bevestigen.

Wanneer we onszelf daarom er op betrappen meer geld te willen of ten onrechte verleid worden door materiële bezittingen, of in de greep raken van bijna elk verlangen, is het belangrijk om te reflecteren op de volgende vraag—wat hebben we werkelijk nodig? Je zou snel kunnen ontdekken dat je blijer bent op de lange termijn als je het verschil begrijpt tussen behoeften en verlangens en dan kan je jouw leven dienovereenkomstig simplificeren.

PLEZIER VERSUS GELUK BEGRIJPEN

Mensen denken vaak dat geluk een gevoel van opwinding of plezier inhoudt. We kunnen opwinding ervaren, bijvoorbeeld, als we onze eerste auto of huis kopen, gaan trouwen of op een vakantie gaan. We zouden plezier kunnen ervaren als we onze favoriete hobby najagen, naar het strand of de bioscoop gaan, of tijd besteden aan onze vrienden. Wat we daadwerkelijk doen is deze tijdelijke gevoelens van plezier of geluk vergissen. Dit soort 'geluk' is van zijn ware natuur, uiterst onstabiel omdat het puur afhangt van externe stimuli. Als deze externe stimuli weg zijn gehaald, verdwijnt dit gevoel van geluk.

Ook al is het niet verkeerd om plezier te ervaren, het is cruciaal voor ons om te begrijpen dat dit het meest oppervlakkige stand van geluk is die een mens kan ervaren. Daarom is het belangrijk te herinneren dat verslaafd zijn aan plezier ons zal verhinderen van het toegang krijgen tot diepere dimensies van geluk.

Een meer standvastig type van geluk komt van het verbeteren van de geest door iemands mentale aanleg te cultiveren. Dit omvat de voldoening verkregen door bezigheden zoals studie, wetenschap, sport, kunst en spirituele beoefening. Het kan ook een nieuwe uitvinding doen in-houden of je diepgaand bezighouden met iets waar we ons aan toe heb-ben gelegd. Dit is gelijk met het type geluk die we ervaren als we in een 'vloeiende' staat zijn, welke gebeurt als we compleet betrokken zijn bij ons werk of een activiteit waar we van genieten. Dit gebeurt als we zo geabsorbeerd zijn in wat we aan het doen zijn dat er simpelweg geen kans op het opkomen van verveling is. Dus omdat we ervan genieten, en we er goed in zijn, is er veel minder kans dat depressie of ongerustheid naar voren komt.

Beide van dit soort type geluk zijn stabieler dan de plezierige gevoe-lens die helemaal afhangen van de externe sensaties, omdat ze uitstra-len van binnenuit en afhangen van onze mentale houding. Echter nog steeds, zijn deze types geluk niet helemaal stabiel. Bijvoorbeeld, wat als een student toegang verliest tot zijn middelen, of de wetenschapper niet door kan gaan met haar onderzoek door een gebrek aan financiering? Als dit uitsluitend een persoons bron van geluk is dan kunnen zij wel-licht in het wanhoop raken.

Daarom bewijzen de bovenstaande scenario's noodzakelijkerwijs dat ware geluk niet afhangt van enige vorm van externe stimuli. Ware geluk is compleet stabiel omdat het een gevoel is dat helemaal van binnenuit komt—een gevoel dat gekenmerkt wordt door wijsheid, compassie en de wetenschap dat leven diepgaand en betekenisvol is. Als we authentieke compassie en wijsheid hebben, komen zulke kwaliteiten altijd van bin-nenuit onafhankelijk van externe voorwaarden. Dit betekent niet dat we moeten afzien van activiteiten die ons tijdelijk plezier geven, echter, we zouden er zeker van moeten zijn dat alles dat we doen verbonden is met een diepere gewaarwording van betekenis en doelmatigheid. Een persoon die deze wetenschap bezit kan een staat bereiken waar hij of zij niet langer afhankelijk is van de invloeden van de buitenwereld. Een persoon met dit soort geluk is helemaal vrij.

GEZONDE MENTALE KWALITEITEN

We hebben genoemd dat hoe groot de externe voorwaarden dan ook, we nooit werkelijk gelukkig zijn tenzij bepaalde mentale kwaliteiten aanwezig zijn. Deze zijn wat ik noem 'gezonde mentale kwaliteiten' die diep vanuit iemands hart voortkomen en wanneer gevoed, van de basis van een volwassen, diep en rijk karakter blijk geven. Deze kwaliteiten zijn gestroomlijnd met wat we het meest waarderen in ons leven en waar we voor zouden willen herinnerd worden. Deze kwaliteiten ondersteunen ons ook en geven ons leven betekenis in uitdagende tijden.

De essentie van deze gezonde kwaliteiten wordt ondersteund door bijna elke grote religieuze en culturele traditie in de wereld. Onafhankelijk van de traditie, zijn er gevarieerde niveaus van begrip of volwassenheid met welke we deze kwaliteiten kunnen omarmen en beoefenen. Het is belangrijk te onthouden dat, anders dan een doel zijn, deze mentale kwaliteiten een richting omschrijven waar we verlangen naar toe te blijven bewegen. Bijvoorbeeld, als je streeft om empathisch en zorgzaam te zijn tegen anderen, is dit een doorlopende inzet die zal vormgeven aan hoe je leeft voor de rest van je leven. Het is niet iets om te behalen en dan te vergeten.

Als we onszelf inzetten om gezonde mentale kwaliteiten te ontwikkelen, zullen we verbinding maken met onze diepste waarden en zullen daarom altijd enige graad van geluk en betekenis hebben in onze levens. Elke keer zullen we deze gezonde kwaliteiten in de praktijk brengen, we kunnen vertrouwen hebben dat een zaadje geplant zal worden dat uiteindelijk zal rijpen naar ware geluk. Het is handig te denken aan de cultivering van deze kwaliteiten als een proces van oorzaak en gevolg—een goed zaadje zal leiden naar een goed resultaat, terwijl een slecht zaadje zal leiden tot een slecht resultaat. Bepaalde mensen zullen merken dat sommige van deze kwaliteiten natuurlijker komen voor hun dan ze voor anderen doen. Dit is gelijk aan het idee van 'karakter krachten' in moderne psychologie, welke goede karaktertrekken beschrijft die ons kunnen helpen een rijk en betekenisvol leven te creëren als we kiezen ons op hen te richten.

De te cultiveren gezonde kwaliteiten zijn verdeeld in directe en indirecte categorieën. De directe kwaliteiten zullen onmiddellijk geluk beïnvloeden in onze levens, terwijl de indirecte kwaliteiten bijdragen aan de geluk door onze externe omstandigheden op een manier te verbeteren. Terwijl het mogelijk is gelukkig te zijn zonder de indirecte kwaliteiten, ook al kan het moeilijk zijn te behouden, kunnen we nooit geluk bereiken zonder de directe kwaliteiten.

Voordat we in detail gaan wat deze kwaliteiten zijn, is het noodzakelijk om het belang van wijsheid en compassie te noemen. Wijsheid is een combinatie van al de kwaliteiten die ik hieronder opsom en het is essentieel om te onthouden dat wijsheid een deel is van beide van elke kwaliteit en toch ook erboven staat. Wijsheid is echter niet, hetzelfde als intelligentie, omdat het niet uitsluitend vaardigheden en kennis betekent. Echter wijsheid begrijpt meer de prioriteiten, door een goed, praktisch begrip te hebben van wat werkelijk belangrijk is en weten hoe dit toe te passen in het dagelijks leven.

Compassie is ook absoluut noodzakelijk als we geïnteresseerd zijn in het behalen van de hoogste niveaus van geluk. Het beoefenen van elke van de directe en indirecte kwaliteiten zal ons leiden naar een bepaald peil, maar het is alleen door een oprechte geest van compassie en altruisme te cultiveren, dat ons potentieel zal worden ontdekt. Daarom boven alles, hebben we compassie en wijsheid nodig om geluk te bereiken.

Terwijl we deze gezonde kwaliteiten beoefenen, is het waarschijnlijk dat onze houding en acties zullen worden gewaardeerd door degenen om ons heen, hen beïnvloedend op een positieve manier. Echter, het omgekeerde kan ook waar zijn en we kunnen merken dat sommige mensen negatief reageren. Dit is omdat we een pad bewandelen richting onzelfzuchtigheid en zij die niet op een vergelijkbaar pad wandelen zouden zich bedreigd kunnen voelen of falen om onze ware motivatie te begrijpen. Hun reactie zou uitdagend en onredelijk kunnen zijn als ze niet het doel van wat we aan het doen zijn kunnen zien. Deze situatie vereist ons om zelfs meer compassie te ontwikkelen om de bron van hun negatieve reactie te begrijpen, en om te antwoorden in de meeste kundige en passende manier. Het kan dan een mogelijkheid worden om onze spirituele discipline in het alledaags leven te beoefenen.

A. INDIRECTE KWALITEITEN

Kracht van karakter

Als we een sterk of moedig karakter hebben, kunnen we vele dingen in ons leven bereiken en voldoening en genot behalen als resultaat. Een persoon die een sterk karakter ontbreekt zal moeite hebben met het maken van beslissingen en met doelen bereiken, en het daarom veel moeilijker vinden om geluk te behalen.

Ambitie, enthousiasme en doorzettingsvermogen

Dit zijn kwaliteiten die ons toestaan om vele dingen te behalen in het leven. Als we geen duidelijke richting of enthousiasme hebben zullen we in zelfgenoegzaamheid of luiheid vervallen en nooit ons of andermans situatie in het leven verbeteren. Ons leven zou daarom erg saai kunnen worden. Zelfs als we ambitie hebben, als het ons aan een sterke wil of vastberadenheid ontbreekt is het gemakkelijk om verward te raken en onze waardevolle tijd te verspillen. Onthoud, echter, dat hard werken niet betekent dat ons leven moeilijker zal zijn, dingen zullen eigenlijk veel gemakkelijker zijn op de lange termijn.

Ook al kunnen sommige mensen overdreven gestresst raken als ze te ambitieus zijn, het zal ons in een veel betere situatie brengen dan lui te zijn, en we zullen geleidelijk gaan genieten van het proces van elke dag hard werken, in het bijzonder als onze doelen betekenisvol zijn.

Als ambitie is gecombineerd met een goed hart en wijsheid, kunnen we gegarandeerd zijn van positieve resultaten in de toekomst. Zonder een warm hart of altruïsme zouden we grote dingen kunnen behalen, maar de consequenties zouden negatief kunnen zijn als we niet voorzichtig zijn, zoals we historisch gezien hebben met de opkomst van dictators die grote schade hebben bereikt.

Bedachtzaamheid, zorgen van anderen en empathie

Deze kwaliteiten helpen ons om goede relaties te ontwikkelen en te behouden met andere mensen, welke belangrijk is voor onze geluk. Bovendien, zullen we ontdekken dat als we aardig zijn tegen anderen, er veel meer kans is dat anderen aardig tegen ons zullen zijn—soms meteen en soms vele jaren later. De verdienste van onze acties zal zeker toenemen, misschien zelf op een verborgen manier, en de bevorderlijke resultaten zullen natuurlijkerwijs komen. Niemand kan complete geluk behalen zonder anderen te helpen.

Respect voor anderen

Als we altijd anderen respecteren en in acht nemen dan zijn we ervan verzekerd om minder problemen in onze relaties te hebben met mensen, en is het veel waarschijnlijker om vrede en kalmte te behouden. Anderen respecteren betekent met bescheidenheid handelen en hun zienswijze te begrijpen en je in te leven in hun limitaties, welke natuurlijkerwijs leidt tot gevoelens van nabijheid, affectie en harmonie in relaties.

Geduld

Dit is een belangrijke kwaliteit maar een die gemakkelijk verkeerd begrepen wordt bij het toepassen. Als we een situatie ten goede kunnen veranderen door actie te ondernemen dan is het niet goed om achteruit te zitten en te denken, 'ik zal gewoon geduld beoefenen hier'. Dit soort houding is een vorm van luiheid of zelfgenoegzaamheid, niet geduld.

Geduld hebben betekent: we kunnen elke situatie aan die niet goed gaat of we kunnen er mee omgaan en het tolereren, onafhankelijk hoe frustrerend het kan zijn; toch zouden we nog steeds de aanwezigheid van geest moeten hebben om kundig en toepasselijk te handelen in plaats van het gewoon 'opgeven' en wachten zonder de moeite te nemen om naar een oplossing te zoeken.

B. DIRECTE KWALITEITEN

Zelf-beheersing

Het is absoluut noodzakelijk om onze emoties te managen, vooral negatieve emoties zoals woede en jaloezie, tenzij we de uitzonderlijke vaardigheid onder de knie hebben om deze emoties constructief te gebruiken. In sommige culturen, neigen mensen ernaar om hun ware gevoelens en emoties te onderdrukken uit angst brutaal en onbeleefd over te komen, en dan na een tijd kunnen deze opgepotte emoties onbeheersbaar overstromen. Ze kunnen ofwel reageren met heftige emotionele uitbarstingen of door zich compleet terug te trekken en weg te lopen van een uitdagende situatie, dit is veel erger dan een normale uitwisseling van emoties. De kern, daarom, is om te trainen zichzelf een gezonde stroom van emoties toe te laten in plaats van het te onderdrukken. Emoties kunnen we leren te managen inclusief woede en bedroefdheid, welke in depressie kunnen storten als deze niet beheerst worden, even als onrealistische verwachtingen of verlangens zoals ongecontroleerde emotionele liefde.

Dankbaarheid

Als we ons dankbaar voelen voor de dingen om ons heen van het ene moment tot het volgende, dan is het bijna onmogelijk om depressiviteit of ongelukkig heid te voelen. Het merendeel van onze ongelukkig heid komt niet van ongeluk maar van een gebrek aan dankbaarheid, zoals dit onze waarneming van de buitenwereld bedoezeld. Zonder dankbaarheid kunnen we nooit gelukkig zijn, los van onze omstandigheden.

Waardering

Dit is nauw verbonden met dankbaarheid, aangezien we dankbaar zijn zullen we natuurlijkerwijs waardering tonen. Gewoonlijk zijn mensen ongelukkig omdat ze vergeten de vele goede dingen die ze hebben in het leven te waarderen. Sommige mensen kiezen de wereld te zien vanuit een vervormd perspectief in welke alles negatief verschijnt onafhankelijk van wat echt is gebeurd. Zonder waardering zullen we niet ware geluk verkrijgen. Het kan daarom echt bevorderlijk zijn om onszelf te trainen elk goed geluk of mogelijkheden die op ons pad komen te waarderen, hoe klein ze dan ook mogen lijken.

Tevredenheid

Als we geluk ervaren, ervaren we voldoening. Deze gewaarwording van voldoening hangt niet af van externe voorwaarden of voorspoed, maar liever van de innerlijke kwaliteit van tevredenheid. Zonder deze kwaliteit zullen we nooit compleet voldaan zijn—we zullen altijd voelen dat we meer nodig hebben. We zullen ook voelen dat anderen beter af zijn dan wij, leidend tot een spiraal van schadelijke emoties zoals jaloezie en hebberigheid. Tevredenheid te cultiveren is geluk te cultiveren. Sommige mensen hebben natuurlijkerwijs enige graad van tevredenheid en daarom is het makkelijker voor hen om deze kwaliteit te ontwikkelen, terwijl anderen ijveriger zouden mogen zijn. Niettemin, is het zeker iets wat we kunnen voeden en waarop we kunnen bouwen.

Bescheidenheid

Een bescheiden houding helpt ons om anderen te respecteren en hechte relaties te cultiveren. Zoals een open pot of een open deur, staat het toe om vele andere goede kwaliteiten onze weg te laten komen. Trots en arrogantie, aan de andere kant, zijn als een omgekeerde pot of een gesloten deur, en zij laten ons rigide denken en handelen en sluiten ons af van het leren van nieuwe dingen. Bescheidenheid is daarom essentieel als we wensen te leren van, respecteren en opschieten met anderen, en ook een helderder, meer compassievolle blik van de realiteit te verkrijgen.

C. Zowel direct als indirecte kwaliteiten

Eigenwaarde en zelfverzekerdheid

Deze kwaliteiten zijn indirect verantwoordelijk voor geluk, aangezien ze nodig zijn om doelen te behalen in ons leven. Aanvullend, als we ons goed voelen over onszelf is onze geest automatisch blijer! Daarom, soms laten zelfs kleine dingen, zoals fijne kleren dragen of naar de kapper gaan, ons goed voelen over onszelf en kunnen bijdragen aan zelfverzekerdheid.

Focus

Als we in staat zijn om een sterke focus te hebben en goed op te letten op alles wat we doen, zullen we het makkelijker vinden om onze geest te trainen in al de anderen kwaliteiten. Door mindful te zijn of goed op te letten wat er werkelijk gebeurd in het heden, zullen we niet afgeleid worden door onnodige gedachten en mentaal geklets. Verder, kunnen we leren een staat van 'stroming' te ervaren of absorbering in vele van de activiteiten die we ondernemen, leidend tot toegenomen vreugde, efficiëntie en ook productiviteit. Hoe meer succesvol we een staat van innerlijke kalmte kunnen bewaren, deste minder ongerustheid we zullen ervaren. Gedurende de tijd, zal onze mind helder, scherp en sterk worden.

Vergeving

Vergeving is direct verbonden met geluk. Als we leren authentieke vergeving te cultiveren dan kunnen onze geesten niet verstoord worden door woede en rancune. Dit bevordert een gevoel van innerlijk rust. Vergeving is ook indirect verantwoordelijk voor geluk, want wanneer we mensen oprecht vergeven zal onze relatie met hen zeker meer harmonieus worden.

Vergeving is vergelijkbaar met geduld in de zin dat het wijselijk moet worden ingezet. Het betekent nooit mensen over ons heen laten lopen. In elke situatie waarin iemand ons kwaad doet, ook al is het cruciaal om altijd een houding van vergeving te houden, proberen we nog steeds actief de situatie te verbeteren. Vergeving betekent ook niet dat we gevoelen van woede verbergen—het is cruciaal dat we eerst elke woede of rancune mogen voelen, alleen dan kan ware vergeving plaatsvinden.

Vrijgevigheid

Het indirecte effect van vrijgevigheid is een verbetering van onze relaties met anderen. Aanvullend, wanneer wij een vrijgevige houding hebben en onze tijd geven aan anderen, energie, advies, materiele bezittingen, of inderdaad iedere soort vrijgevige actie vertonen, is er geen manier om ons niet gelukkig te voelen op hetzelfde moment. Ons hart wordt warmer en we worden vrediger en blij. We moeten onthouden, echter, dat vrijgevig zijn naar anderen niet onze vaardigheid om onszelf lief te hebben en voor onszelf te zorgen in de weg staat. Het is van vitaal belang om een sterk gevoel van eigenwaarde en eigenliefde te hebben als basis voor het uitbreiden van liefde en vrijgevigheid tot anderen. Zonder dit zullen wij gelimiteerd zijn in hoeveel we kunnen delen met anderen.

Compassie

Compassie, zoals eerder genoemd, is essentieel als we een authentiek gelukkig leven gaan leiden, en de methoden om het te ontwikkelen zijn in detail uitgelegd door dit boek heen. Compassie is zorgen voor andere mensen en voor onszelf op een wijze manier, met een sterk bewustzijn en herkenning dat we allemaal gelijk geluk wensen. Ware geluk kan nooit behaald worden als we het zoeken ten koste van andere mensen, echter het is zeker behaald door compassie voor anderen te hebben. Het is cruciaal, echter, dat dit begint met het cultiveren van compassie en zorgzaamheid tegen onszelf, en dit houdt dingen in zoals goed eten, sporten en tijd vrijmaken om 'onze batterijen op te laden'. We kunnen onmogelijk compassioneel zijn tegen anderen als we niet weten hoe we voor onszelf moeten zorgen.

Als we ware compassie voelen, maakt het niet uit of we een mens mogen of niet mogen of we ze dom of intelligent vinden. Op dezelfde manier dat we zelf gelukkig willen zijn, betekent compassie dat je ook wilt dat zij gelukkig zijn, herkennend dat alle anderen deze zelfde wens hebben. Dit heeft zowel een directe als indirecte impact op onze geluk. Als we authentieke compassie laten zien, vooral zonder iets terug te verwachten, zullen onze acties tegen anderen vriendelijk en liefdevol zijn en onze relaties met hen zullen bijna zeker verbeteren. Maar belangrijker, onze eigen mind zal helder en kalm zijn, zoals een heldere zomer lucht zonder een enkele wolk. Ware geluk kan nooit verkregen worden als we het zoeken ten koste van anderen, maar het is zeker behaald als we compassie hebben voor anderen.

GEZONDE ACTIES

Dus hoe ontwikkelen wij deze gezonde kwaliteiten? Omdat het niet genoeg is om te zitten en tegen onszelf te denken, 'Ik moet dankbaar zijn, Ik moet zelfverzekerdheid' hebben, dag na dag. Onze gedachten sturen onze acties, maar tegelijkertijd hebben onze acties wat invloed op hoe we over de situaties om ons heen denken. Soms hebben we niet de ervaring of wijsheid om te weten hoe te handelen in een bepaalde situatie. Ik heb daarom door dit boek heen specifieke begeleiding verzorgd over hoe we het leven kunnen leven gebaseerd op gezonde acties. Door te handelen op een bedachtzame en volwassen manier, met onze acties begeleid door een fundament van goed ethisch gedrag, zal het ons leiden tot een meer gezonde mentale houding en maakt de geest een meer vruchtbare plaats voor geluk om te groeien.

Naarmate we ouder worden en de omstandigheden van onze levens veranderen, zullen we vele verschillende uitdagingen onder ogen zien, dus ik heb specifieke begeleiding voorzien voor de type uitdagingen die over het algemeen ervaren worden in de verschillende stadia van het leven. Aan al deze adviezen liggen een aantal basisbegrippen of regels bij welke een goed leven te leiden. Deze vijf regels (of 'Vijf Voorschriften' zoals we ze noemen in Boeddhisme) zijn direct gehaald uit de lessen van de Boeddha. Echter, ze zijn weerspiegeld in bijna elke morele en religieuze leer dwars door de wereld en voorzien in een goed moreel kader voor hoe men zou moeten leven (ook al kan hun interpretatie soms complex zijn).

Deze vijf richtlijnen zijn:

1. **Niet doden**: Dit betekend dat we niet opzettelijk doden of schade toebrengen aan welk levend wezen dan ook, inclusief wezens zoals muggen, mieren of spinnen. Elk levend wezen heeft gevoelens zoals angst, en we zijn daarom geroepen om alle vormen van leven te beschermen en respecteren. Dit geldt ook voor recreatief vissen, welke vissen immense pijn en stress kan veroorzaken enkel omwille van persoonlijk plezier.

2. **Niet stelen**: Dit betekent geen rijkdom of eigendom nemen behorend aan anderen zonder hun toestemming.

3. **Niet liegen**: Dit betekent dat we niet moeten liegen of de waarheid achter houden voor ons eigen gewin of in verdediging van ons eigen belang.

4. **Geen sexueel wangedrag**: Dit betekent we moeten ons weerhouden van ons bezighouden met immoreel sexueel gedrag welke leidt

tot schadelijk gevolgen voor onzelf en anderen.

5. **Vermijd schadelijke bedwelmende middelen**: Dit betekent dat we niet moeten toegeven aan bedwelmende middelen zoals alcohol of andere drugs, wetend dat ze de mind vertroebelen, het lichaam beschadigen en tot zelfbeschadiging leiden.

Als we spreken over gezonde acties, houd dit ook dingen in die we moeten doen om voor onzelf te zorgen op de best mogelijke manier. Op dezelfde manier dat we zouden moeten vermijden om anderen te schaden, zouden we ook moeten vermijden onzelf te schaden door te falen aan ons dieet te denken, te veel te eten, slechte slaapgewoonten te hebben of het na te laten te sporten. In Tibet hebben de meeste mensen een behoorlijk hard leven, dus ze neigen ruim voldoende lichaamsbeweging te krijgen gedurende de dag en houden vast aan een goed dieet, met overgewicht bijna ongehoord. Echter in het Westen zijn we vaak geboren in een zittende leefstijl waar lichaamsbeweging en gezond eten optioneel zijn, en vaak zijn we te druk om tijd te maken om naar dit deel van ons leven om te kijken.

Het staat buiten kijf dat lichaamsbeweging goed is voor ons lichamelijk welzijn, maar we weten nu dat het ook van cruciaal belang is voor de geestelijke gezondheid. Een recente studie concludeerde bijvoorbeeld dat drie keer per week sporten voor depressiepatiënten even nuttig is als het slikken van antidepressiva. Bovendien hadden degenen die medicatie gebruikten veel meer kans om terug te vallen in een depressie dan degenen die sportten. Dit suggereert dat niet sporten hetzelfde is als het innemen van een antidepressivum. Bovendien hebben andere studies aangetoond dat regelmatige lichaamsbeweging leidt tot minder angst, betere slaap, beter mentaal functioneren en meer eigenwaarde.

Als Boeddhist, geloof ik ook dat het een feit is dat onze acties van dag tot dag, of karma, bijdraagt tot de gebeurtenissen welke voor ons gebeuren in dit leven en het volgende leven. Ook als zou je deze zienswijze niet delen, voel ik dat het belangrijk is om zulke ideeën te noemen aangezien ik geloof dat zij iedereen ten goede kunnen komen. Zelfs als je niet bekend bent met het idee van karma, kan het nog steeds nuttig zijn te begrijpen hoe het genot of frustratie die we ervaren fundamenteel afhangt van hoe we onszelf en anderen behandelen.

MANIEREN OM ONGEZONDE STATEN VAN GEEST TE OVERKOMEN

Terwijl we gezonde mentale kwaliteiten moeten cultiveren en aannemen, is het even belangrijk om negatieve of ongezonde staten van de geest te herkennen en af te leggen. Deze zijn de belangrijkste obstakels om authentieke geluk te bereiken. Deze ongezonde kwaliteiten stammen eigenlijk af van een gebrek aan wijsheid. Zij houden in:

- Lage eigenwaarde
- Excessieve angst of ongerustheid
- Gebrek aan zelfbeheersing
- Apathie
- Zelfgenoegzaamheid
- Ontevredenheid
- Gierigheid of hebzucht
- Trots of arrogantie
- Ontkenning
- Egoïsme
- Intolerantie
- Ongeduld
- Haat of rancune
- Ongecontroleerde woede
- Ondankbaarheid
- Cynisme

Op de lange termijn zullen deze ongezonde staten van de geest altijd leiden tot toegenomen leed en ontevredenheid die we ervaren. We moeten daarom - zo goed als we kunnen - ze proberen te identificeren en ze overkomen. Ook al is ontwortelen van onze negatieve neigingen geen makkelijke taak, het is zeker haalbaar als we vakkundig werken ze te overkomen.

Hoe, dan, kunnen we dit doen? Allereerst, als we onszelf trainen om ijverig te focussen op positieve kwaliteiten, vooral dankbaarheid en compassie, zullen ongezonde kwaliteiten geleidelijk afnemen. Dit kan worden vergeleken met een kundige timmerman die een ruwe pin uitslaat en eruit haalt door een fijne te gebruiken. Verder, kunnen we diep reflecteren op de gevaren of nadelen van ongezonde kwaliteiten, onszelf herinneren dat zij altijd resulteren in leiden voor onszelf en anderen.

Ook al kan onze geest trainen op deze manier moeilijker zijn, bijvoorbeeld, dan gewicht verliezen, inzet voor dit soort werk zal veel voordeliger zijn op de lange termijn. Naarmate onze geest mettertijd vrediger en stabieler wordt, zullen de ongezonde neigingen geleidelijk afnemen en zullen goede eigenschappen als liefde en moed doorschijnen.

Velen van ons zullen het moeilijk vinden om sterke emoties te overwinnen aangezien zij ook zo stevig in ons onderbewuste geesten zijn geworteld. Deze emoties en impulsen zijn als een schaduw die altijd met ons is, ook al zijn we niet bewust van zijn aanwezigheid. Zij zijn vaak verbonden met moeilijke gebeurtenissen in ons leven, welke we proberen uit te filteren, zodat bepaalde triggers zullen associëren met bepaalde pijnlijke herinneringen of defecte geloven zoals 'Ik ben niet goed genoeg'. Zij komen terug om ons te achtervolgen als ongezonde reacties zoals oncontroleerbare woede, schaamte of ongerustheid, zoals een vogel neerstrijkt op ons als het zijn prooi ziet. Ook al zijn deze negatieve emoties en impulsen, tot bepaalde hoogte, een normaal deel van onze menselijke conditie, het goede nieuws is dat ze zeker veranderbaar zijn.

Wat, dan, kunnen we doen tegen deze koppige emoties? De sleutel is om het licht van compassioneel bewustzijn op hen te schijnen. Liever dan ontkennen, vermijden of onze innerlijke ervaring of onplezierige gedachten, gevoelens en herinneringen te bevechten, welke veel meer lijden kan creëren op de lange termijn, kunnen we eerst leren ze te accepteren als een deel van onze menselijke conditie. We kunnen dan zien dat zij niet noodzakelijk moeten botsen met onze vaardigheid om een rijk en betekenisvol leven te lijden.

Bovendien, kunnen we leren herkennen dat onder 'negatieve' emoties zoals woede en schaamte vaak een intense helderheid, onbevreesdheid en een diep gevoel van zorgzaamheid ligt. Met oefening kunnen we de extremen van ongecontroleerde woede aan de ene kant en het gevoel van schaamte of innerlijke pijn aan de andere kant leren te vermijden. Aangezien al deze reacties gebaseerd zijn op een verkeerde waarneming van de realiteit. Echter als we met de ruwe ervaring of zijn 'gevoelens' blijven voordat deze extreme reacties het overnemen—kunnen we deze emoties transformeren in een uitdrukking van diepe zorgzaamheid, net als een kundige dokter die bekwaam is om gif in een medicijn te veranderen. We kunnen dan kiezen assertief de strijd aan te binden met onze lichaam en spraak, terwijl onze geest compleet vrij van ongecontroleerde woede of verkeerde waarnemingen is. Alternatief, kunnen we kiezen niet de strijd aan te binden, omdat we kunnen zien dat dit de beste gang van zaken is. Daarom houden we niet vast aan reacties zoals schaamte en afkeer of we erkennen simpelweg hoe deze reacties triggers waren voor ons in het verleden.

Vaak hebben we lang bestaande aannames over onszelf en de wereld waarin we leven, leidend tot ongezonde overtuigingen die ernaar leiden dat we sterke emotionele reacties keer op keer opnieuw ervaren. Dit kan dan worden versterkt door een cultuur die ons aanmoedigt om te slagen, 'doorgaan' en de vele dingen die ons uitdagen te negeren. Bijvoorbeeld, we zouden een vooropgezet idee kunnen hebben van hoe dingen zouden moeten uitpakken in ons leven en dat alles de weg zou moeten gaan die wij zouden willen, of dat we alleen een goed persoon zijn als aan bepaalde voorwaarden wordt voldaan. We zouden kunnen denken dat geluk alleen zal komen als we blijven streven om de beste te zijn, instemming van anderen krijgen of veel geld verdienen. Misschien hebben we een idee dat geluk bereiken onrealistisch is omdat onze waargenomen situatie zo slecht is, ons ontmoedigd maakt of depressief. Aan de andere kant, zouden we alleen een beperkt begrip van wat geluk is kunnen hebben en onbewust onszelf blokkeren van het ontdekken van de diepere niveaus van geluk. Op het meest extreme niveau, zouden we zelf kunnen denken dat het onmogelijk is om geluk te bereiken hoe dan ook!

Deze schadelijke aannames zijn allemaal obstakels tot wijsheid en, helaas, zouden zelfs kunnen worden versterkt door mensen en culturen om ons heen. Bewust worden van deze aannames kan ons helpen onze manier van denken te veranderen en te leren accepteren wat er aan het gebeuren is in plaats van doorgaan er tegen te blijven worstelen. Het kan ook leiden tot authentieke compassie voor zij die door gelijke worstelingen gaan—we leren onze 'zwakke plek' te raken en een bescheiden acceptatie van onze menselijke conditie te verkrijgen.

Om deze aannames uit te dagen en in staat te zijn om oprecht te accepteren wie we zijn, is het belangrijk dat we openlijk spreken met mensen die we vertrouwen. Dit kan een raadgever, een ondersteuningsgroep, een goede vriend of kennis met een bepaalde mate van wijsheid zijn, in het bijzonder als zij door gelijksoortige ervaringen zijn gegaan als onszelf. We zouden altijd moeten onthouden dat iemand minder ervaren ook bekwaam kan zijn om ons te helpen. Wees ervan verzekerd, ook, om een dokter te raadplegen als je depressief bent of zo beduusd bent met het leven van dag tot dag dat je niet normaal kunt functioneren.

Terwijl we aan het leren zijn de pijn en negatieve neigingen te accepteren die een onafscheidelijk deel verbonden met een mens zijn, kunnen we ook doorgaan met de taak van een rijk en betekenisvol leven voor onzelf te creëren—en dit is de voornaamste focus van de rest van dit boek. Zodoende, zullen we natuurlijkerwijs positieve staten van mind cultiveren, zoals altruïsme, ondertussen onze negatieve neigingen geleidelijk verzwakken en uiteindelijk transformeren. Op deze manier kunnen we onszelf geleidelijk trainen onze emoties onder controle te krijgen, terwijl we op hetzelfde moment hun bestaan accepteren en het lijden dat komt van hun aanwezigheid. Als we niet langer beheerst worden door onze emoties en hebben geleerd de gewoonte onszelf eerst te zetten te overwinnen—zullen we uiteindelijk onze ware 'onzelfzuchtige' natuur ontdekken—de bron waaruit alle goede gezonde kwaliteiten natuurlijk voortkomen.

GELUK DOOR DE FASES VAN HET LEVEN

De hoofdoorzaken van geluk blijven hetzelfde gedurende ons leven, onafhankelijk van onze leeftijd. Iedereen heeft het potentieel om hun geest te cultiveren op een manier die de zaadjes van geluk in staat stelt te groeien. De kern van directe mentale karakteristieken zijn van gelijk belang gedurende elke leeftijd. De indirecte mentale karakteristieken neigen te wassen en af te nemen in hun belangrijkheid, afhangend van de fase van het leven waar we in zitten en de doelen waar we ons op richten.

Omdat elk menselijk wezen het potentieel heeft om geluk te bereiken op welke leeftijd dan ook, zal ik de verschillende stadia van het leven bediscussiëren en wat advies aanbieden voor elk daarvan. Je kunt refereren naar de sectie die zich specifiek bezig oudt met jouw leeftijdsgroep, of je kan van ze allemaal leren en misschien nuttige tips oppakken over geluk waar je mogelijk niet eerder over hebt gelezen. Je kan ook proberen te identificeren welke van de gezonde mentale kwaliteiten meer natuurlijk voortkomen voor jou en focussen om deze eerste te versterken. Je zou verrast kunnen zijn dat veel van de andere positieve kwaliteiten ook natuurlijk beginnen te vloeien.

Voordat we beginnen, echter, moet ik er op wijzen dat geluk aanhoudende training vereist van de geest. Voor sommige mensen zou dit grote ijver en vastberadenheid vereisen. Net als een arts vele jaren van training nodig heeft voordat ze medicijnen mogen beoefenen, hebben de meeste van ons ook een grote hoeveelheid training nodig, zowel in onze houdingen en acties, om op een punt te arriveren waar we een aaneengesloten, permanent gevoel van geluk ervaren. Ik raad je daarom met klem aan te denken over dit boek als een kostbaar juweel. Blijf ernaar refereren wanneer je ook moeilijkheden tegemoet ziet en ook als je goede tijden tegenkomt. Onthoud ook dat dit boek een van de vele bronnen is en niet noodzakelijkerwijs de meest passende begeleiding voorziet in jouw situatie. Het is wijs, daarom, om je breed in te lezen en of advies te zoeken van mensen of organisaties waarvan je denkt dat ze van assistentie zouden kunnen zijn.

Mijn hoop is dat je in staat zal zijn het advies te herinneren dat voor jou geldt wanneer het wordt gepresenteerd in dit boek. Het is belangrijk niet slechts tevreden te zijn met een intellectueel begrip van deze concepten maar eerder deze lessen toe te passen in je alledaagse leven. Als je dit advies ter harte neemt heb ik groot vertrouwen dat je een betekenisvol verschil ervaart in jouw niveau van geluk.

De zaden zaaien van geluk

We beginnen nu met het deel van het boek waarin we voortgaan door de fases van het leven van een persoon om verhalen en lessen te illustreren die meer relevant zijn voor elke fase. Dit hoofdstuk van korte verhalen is ontworpen voor ouders om voor te lezen aan hun kinderen, of voor kinderen om voor zichzelf te lezen als ze oud genoeg zijn. In kinderboeken vinden we normaal plaatjes, foto's, grote tekst en andere simpele en duidelijke manieren van communiceren. Echter, omdat dit boek niet alleen voor kinderen is, zijn er geen plaatjes of illustraties en wees je alsjeblieft bewust dat sommige van de berichten verpakt in deze verhalen ingewikkelder kunnen zijn dan die in algemene kinderboeken. Dus het is om deze reden dat ouders met jongere kinderen mogelijk eerst alleen door de verhalen zouden willen lezen en de thema's en taal aanpassen naar eigen overweging.

Over het algemeen, zijn kinderen natuurlijker blijer dan volwassen vanwege het gebrek aan grote verantwoordelijkheden en zorgen in hun leven tot dusver. Geluk is bijna altijd binnen hun bereik en zij spelen en zijn gelukkig zonder dat iemand hen leert hoe. Het is echter het meest belangrijke dat we nu, op een vroege leeftijd, de zaadjes zaaien voor toekomstige geluk, zo dat kinderen leren om wijs te zijn en ware geluk te vinden in volwassenheid.

HET VERHAAL VAN TEVREDENHEID

Er waren eens twee kinderen die neven waren, Jason en John. Terwijl zij dezelfde leeftijd hadden, naar dezelfde school gingen en opgroeiden met en rondom dezelfde mensen, dachten en gedroegen zij zich op heel verschillende manieren.

Jason kreeg veel duur speelgoed. Hij was er zeer bezittelijk over en weigerde om wie anders dan ook ermee te laten spelen of ze zelfs aan te laten raken. Ook al had Jason veel oud speelgoed welk hij niet langer leuk vond of mee speelde, hij weigerde het om te geven of delen met wie dan ook. Als resultaat, leek Jason altijd onrustig en wilde steeds nieuwe dingen, ook al had hij reeds zo veel.

John aan de andere kant had niet veel speelgoed, maar hij was gelukkig met de weinige dingen die hij had. Hij was ontspannen en makkelijk tevreden en bood altijd aan om zijn speelgoed te delen met andere kinderen, in het bijzonder zij die minder dan hij hadden. John voelde dat hij niet veel nodig had om gelukkig te zijn. Als er geen speelgoed was om mee te spelen, amuseerde hij zichzelf door met stenen en twijgjes te spelen of wat anders hij ook kon vinden en gebruikte zijn verbeelding om zichzelf te vermaken.

Toen de twee neven opgroeiden, vervolgden zij hun pad. Jason leek nooit tevreden te zijn met wat hij had en voelde altijd dat hij iets meer wilde. Nu hij een relatie had, was hij ontevreden met zijn partner, ook al was zij vriendelijk en hield ze heel veel van hem. Jason dacht altijd dat hij iemand anders meer aantrekkelijk en intelligent kon vinden. Jason was gezegend met goede vrienden en vele mooie bezittingen, echter onafhankelijk van hoeveel hij bijeenbracht, was hij nooit tevreden of werkelijk gelukkig met wat dan ook. Naarmate Jason ouder werd, bleef zijn manier van denken onveranderd, daarom werd hij een heel onzeker, verdrietig en eenzaam man.

John behield zijn gevoelens van dankbaarheid en tevredenheid met wat er dan ook was in zijn leven. Hij was bewust geduldig en attent in zijn relaties met anderen. Hij groeide op tot een heel gelukkig en geliefd man, met veel wonderbaarlijke vrienden en een sterk, gezond en liefdevol gezin. Waar hij ook ging, verspreidde hij geluk. John had geleerd om tevreden te zijn op een heel jonge leeftijd. Op de een of andere manier wist hij dat geluk niet ging over veel 'dingen' bezitten, maar eerder over delen wat hij wel had met anderen.

Welke persoon zou je liever zijn en waarom?
Laten we met iemand hierover praten , misschien je moeder of vader?
Hoe zouden zij deze vraag beantwoorden?

HET VERHAAL VAN VRIENDSCHAP

Er was eens een ekster die leefde in de takken van een wilgenboom naast een meer. In het water van dit meer leefde een schildpad. Elke dag kwam er een hert drinken uit het meer. De drie dieren werden heel hechte vrienden.

Op een dag toen Hert naar de rand van het meer kwam voor een slokje water, vond hij zichzelf plotseling gevangen in een val achtergelaten door een jager. Zijn hoef was gestrikt door zeer sterke touwen. Schildpad en Ekster hoorden zijn gehuil en kwamen snel samen om te bespreken hoe ze hun vriend het beste konden helpen.

Ekster zei, 'Zuster Schildpad, aangezien jouw kaken sterk en robuust zijn, kan je ze gebruiken om door deze touwen te knippen en kauwen. Ondertussen, zal ik een manier vinden om de jager tegen te houden bij het meer.'

En zo begon Schildpad te kauwen aan de touwen terwijl Ekster naar de jagershut vloog.

De volgende morgen wandelende de jager uit zijn hut terwijl hij een scherp mes droeg. Ekster verscheen plotseling uit de bomen en vloog

43

in zijn gezicht met al haar macht, wild klapperend verraste ze hem en liet hem schrikken. Versuft van de aanval rende de jager terug zijn hut binnen, maar sloop niet veel later de achterdeur uit. Ekster was slim en verwachtte dat hij dit zou doen. Ze dook neer en begon hem weer aan te vallen, hem hard treffend in het gezicht met haar klauwen. Ontmoedigd door deze tweede aanval, concludeerde de jager dat vandaag een ongelukkige dag was en besloot hij te rusten, denkend dat hij het morgen opnieuw zou proberen.

Helaas voor de drie dierenvrienden had de jager de volgende morgen zichzelf voorbereid voor een nieuwe ekster aanval en bedekte zijn gezicht met een hoed. Niet in staat om de jager te stoppen vloog ekster snel terug naar het bos om haar vrienden te waarschuwen.

'De jager is onderweg!' schreeuwde ze.

Tegen deze tijd had schildpad bijna door de laatste van de touwen gekauwd, ook al voelde het touw hard als staal en haar kaken waren nu bloedig en rauw. Op het moment dat de jager in het zicht kwam, gaf Hert een stevige ruk en met een schop, brak het laatste van het touw en rende hij weg het bos in.

Boos om Hert te zien ontsnappen, pakte de jager de uitgeputte schildpad op en plaatste haar in zijn leren zak en hing die aan de tak van een nabijgelegen boom. De jager ging weg om te zoeken naar Hert.

Terwijl hij verborgen zat achter wat bosjes, zag Hert het gevaar waar schildpad in was. 'Mijn vrienden hebben hun leven voor me geriskeerd', dacht hij, 'dus nu moet ik hetzelfde voor hen doen'. En zo, doende alsof hij heel moe was, stapte Hert uit in vol zicht voor de jager.

Denkend dat hij makkelijk te vangen was, achtervolgde de jager het hert. Terwijl ze diep in het bos waren, sprong Hert plotseling weg en rende snel uit het zicht van de jager. Hij bedekte zijn hoefafdrukken en keerde terug naar het meer later die dag, Hert gebruikte toen zijn gewei om de jager's tas van de tak af te halen en schudde schildpad eruit. Schildpad had toen de mogelijkheid om snel terug in het water te kruipen en zich te verstoppen, terwijl Hert terug rende naar het bos.

Bij het meer aangekomen,vond de jager zijn tas op de grond,leeg. Met frustratie en teleurgesteldheid pakte hij zijn mes op en liep terug naar zijn hut. Hij was zo ontmoedigd dat hij dacht dat hij net zo goed kan stoppen met jagen.

De jager dacht na over hoe de schildpad en de ekster het hert zijn leven hadden gered en nu dat het hert zeker de schildpad zijn leven had gered. Hij besefte dat zij een sterke vriendschap koesterden en observeerde hoe zij samen hadden gewerkt om elkaar te helpen. De jager nam op dat moment de beslissing om het jagen op te geven. Nu hij zag hoe de drie dieren om elkaar gaven, realiseerde hij zich dat het verkeerd zou zijn om hen te doden, net als dat het voor hem verkeerd zou zijn om zijn eigen vrienden kwaad te doen.

Kan je je voorstellen hoe het zou zijn om Schildpad te zijn in dit verhaal?
Denk aan de vrienden die je hebt gemaakt. Wie van hen zou Ekster zijn? Wie van hen zou Hert zijn?
Wat betekent het voor jou om een vriend te zijn ?
Hoe kan je een andere persoon laten zien dat je zijn of haar vriend bent?

HET VERHAAL VAN ZELFACCEPTATIE

Er was eens een jonge jongen genaamd Alex. Toen hij een kleuter was, was hij gevangen in een huis dat per ongeluk in brand vloog. Hij werd net op tijd gered door twee dappere brandweermannen. Alex werd met spoed naar het ziekenhuis gebracht voor verschillende operaties vanwege zijn ernstige brandwonden. Na de operaties die zijn leven hadden gered, had Alex een lelijk litteken aan de linkerkant van zijn nek helemaal tot aan zijn linkerarm.

Als gevolg daarvan was Alex heel verlegen op school omdat hij schaamte had over hoe hij eruit zag. Zijn schooluniform verborg zijn littekens niet helemaal en hij werd vaak geplaagd omdat hij er anders uitzag dan de andere kinderen.

Spottend riepen ze hem 'Alex de reptielman!' na. Hij wenste dat hij groter en sterker was zodat hij de moed zou hebben om terug te vechten wanneer de andere kinderen gemene dingen zeiden. In plaats daarvan liep hij zachtjes snel weg, en vond hij een plek waar hij alleen kon zijn, weg van de wrede opmerkingen van de andere kinderen.

Op een dag zag de school tuinman dat Alex gepest werd en de tuinman ging naar hem toe.

'Ik kan zien dat jouw leven niet makkelijk is,' zei de tuinman, zijn stem vol warmte en sympathie. 'Misschien zou het helpen als ik een klein verhaal met jou deel.'

Alex knikte.

'Er was eens een huis,' begon de oude man, dat er van de buitenkant uitzag als een vreselijke oude lelijke plaats. Het dak was vol roest en de verf was aan het afbladderen van de voorste muur. Zelfs de pijpen waren roestig en lekten wanneer het hevig regende. In dit kleine gammele huisje was een krappe keuken die niet eens een TV had!'

Maar, wat daar wel was, was een mooie gezellige haard die gloeide met een brullend, warm vuur en een comfortabele ingesleten bank waarop bezoekers de nacht doorbrachten. Buren en vele vrienden zouden vaak op bezoek komen. Zij zouden tot laat opblijven, bij elkaar zittend rond de haard, verhalen delen en een wonderbaarlijke tijd hebben.

'En dus,' eindigde de man, 'ook al zag het huis er niet zo goed uit van de buitenkant, aan de binnenkant was het een gekoesterde plaats om te zijn. En dit is wat echt belangrijk was.'

Alex begreep het. Het maakte niet echt uit dat hij een lelijk litteken had en er op school mee werd geplaag. Het was de soort persoon dat hij was aan de binnenkant dat werkelijk telde. Spoedig stopten de kinderen die hem plaagden, omdat ze zagen dat Alex niet langer boos werd. Een andere groep kinderen begonnen toen met hem te spelen en accepteerden hem uiteindelijk als een goede vriend.

Alex had geleerd zichzelf te accepteren voor wie hij was en daarmee was hij in staat om innerlijke zelfverzekerdheid te vinden.

Heb je je ooit gevoeld als Alex?

Ben je in staat om jezelf te accepteren en lief te hebben precies op de manier zoals je bent?

Bespreek dit verhaal met jouw ouders—hoe zou je moeten handelen als de andere kinderen je beginnen te plagen?

HET VERHAAL VAN BEWUSTZIJN

Er was eens een groep kinderen die samen op een open plek in het bos zaten. Zij hadden zich verzameld om naar een wijze leraar te luisteren die hun stad bezocht, bekend als de Boeddha.

De Boeddha pakte een mooie rode roos op en hield het voor de kinderen. Hij zei niets en iedereen was perfect stil. Hij hield de bloem met een meest teder en edel gebaar, met zijn duim en wijsvinger de stam vasthoudend op zo'n manier dat het de vorm van zijn hand volgde. Hij hield de roos op deze manier voor een lange tijd, in stilte, zonder iets te zeggen. Iedereen verwonderde zich wat de leraar met dit gebaar bedoelde.

Uiteindelijk keek de Boeddha op naar de kinderen en lachte. 'Kinderen,' zei hij, 'deze roos is een wonderbaarlijk en mooi ding. Als ik het vasthoud hebben jullie een kans om het te ervaren. Jullie hebben een kans om contact te maken met een wonderbaarlijke realiteit, om contact te maken met het leven zelf.'

'Je zou tegen jezelf kunnen zeggen, 'Waarom houdt hij deze roos omhoog? Wat is de betekenis hiervan?' Echter, als je geest in beslag genomen wordt door zulke gedachten, kan je niet waarlijk de bloem ervaren. Op dezelfde manier verloren zijn in gedachten, is één van de dingen die ons verhindert van het maken van echt contact met het leven. Als je overgenomen wordt door frustratie, ongerustheid, zorgen of jaloezie, zal je de kans verliezen om echt contact te maken met al de wonderen van het leven.'

'Er zijn mensen die door een bos kunnen lopen zonder echt een boom te zien. Op dezelfde manier, ook al is het leven gevuld met lijden, bevat het ook vele wonderen die veel mensen niet zien.'

'Dus wees je **bewust**, zodat je zowel het lijden als de wonderen in het leven ziet. Dan kan je in contact zijn met het leven en het diepgaand ervaren. Je zal dan het leven begrijpen en dit begrip zal leiden tot liefde voor alles waar we deel van zijn.'

De kinderen waren diep geraakt door de woorden van de leraar en elk van hen beloofde een leven van bewustzijn te leven. Zij zegden toe de wonderen van het leven te waarderen die zij elke dag tegenkwamen, zoals die mooie roos.

Wanneer was de laatste keer dat je een mooie bloem opmerkte, of wat anders dan ook dat je herinnerde aan de wonderen van het leven?

Probeer op te merken wanneer je verloren bent in gedachten zoals zorgen of frustratie. Zie of je contact kan maken met het leven en merk hoe dit de manier dat je je voelt verandert.

HET VERHAAL VAN WAARDERING

Hoog boven op de besneeuwde bergen tussen India, Nepal en China ligt een land bekend als Tibet. In het midden oosten van dit land is een smal dorp genaamd de Gelukkige Vallei. De mensen in het dorp hebben geen elektriciteit, geen auto's of bussen, geen telefoons, geen televisie en geen speeltjes. Ze hebben niet eens huizen. In plaats daarvan leven ze in tenten gemaakt van yakhaar.

In dit dorp woont een familie van vier. De naam van de vader is Yeshe en de naam van de moeder is Tara. Zij hebben twee kinderen, een jongen genaamd Yori, die zes jaar oud is, en een meisje genaamd Chimey, die vier is.

Elke morgen staat Yori om zes uur op, eet zijn ontbijt en besteed de rest van de dag om tweehonderd yaks te hoeden in de bergen. De yaks rennen overal heen, dus hij rent constant achter hen aan in een poging ze bij elkaar te houden. Hij krijgt de hele dag amper een kans om te rusten. Yori eet pas weer als hij naar huis terugkeert voor het avondeten. Hij heeft zo veel waardering voor zijn avondeten en is dankbaar voor zijn moeder dat zij het heeft gekookt.

De zus van Yori, Chimey, wordt wakker om zeven uur, eet haar ontbijt en loopt een lange weg naar de rivier om water te halen, aangezien de rivier de enige bron van water is die niet bevroren is. Aangezien Chimey slechts klein is, kan ze alleen een kleine hoeveelheid water per keer dragen. Dus de hele dag moet ze heen en weer lopen van de tent van haar familie naar de rivier totdat ze genoeg water hebben om te koken, drinken en schoon te maken. De grond is erg glibberig omdat het bedekt is met ijzige sneeuw, en Yori en Chimey hebben het heel koud omdat de temperatuur soms min dertig graden is.

Desondanks waarderen Yori en Chimey altijd het voedsel dat ze eten en de liefde van hun familie, en daarom zijn ze heel gelukkig. Zij groeien op om tevreden te zijn en om naar elkaar en hun familie en vrienden om te kijken. Ook al zijn ze arm, zij leiden een gelukkig en gezond leven omdat ze hebben geleerd te werken voor elkaar en niet alleen voor zichzelf.

Ondertussen is er een andere familie die ver weg van Tibet leeft, in een rijk deel van Melbourne aan de baai. Er zijn twee kinderen in deze familie, een jongen genaamd Pieter, die drie jaar oud is, en een meisje genaamd Carly, die vijf is. Zij hebben elk hun eigen slaapkamer met een televisie, computer en vele boeken en speeltjes om mee te spelen. Zij ontvangen veel wonderbaarlijke cadeaus met Kerstmis en op hun verjaardagen. Elk jaar reist de familie overzee op vakantie, naar landen zoals Engeland, Italië en Griekenland.

Naarmate de kinderen ouder worden, gaan ze niet zo veel naar het strand als ze gewend waren. In plaats daarvan blijven ze in hun kamer films kijken of vrienden berichten sturen online. Op een dag vraagt Peter de kinderen van de buren om met hem in de tuin te spelen, maar ze zeggen hem hen met rust te laten. Dus Peter keert snel terug naar het spelen van computerspelletjes in zijn eentje. Peter en Carly's vader raakt drukker en drukker op het werk en komt niet terug tot heel laat, terwijl Mamma vaak weg is om vergaderingen bij te wonen.

Naarmate de tijd voorbij gaat, groeit de familie uit elkaar en brengen ze minder tijd samen door. Zij raken gewend om zichzelf te vermaken zonder elkaars gezelschap. Peter verandert snel in een stil karakter en praat niet veel omdat hij zo vaak alleen is en computerspelletjes speelt. Carly heeft gezocht naar gezelschap buiten de familie en besteedt haar tijd socialiserend met jongens en uitgaand tot laat in de nacht, lopend over de straat met haar vrienden en soms zelf dronken wordende! Aangezien mamma zo druk bezig is met verschillende commissies, merkt ze niet op wat er aan het gebeuren is met haar familie, in plaats daarvan zorgt ze er gewoon voor dat haar kinderen volop nieuwe kleding hebben en genoeg geld om uit te gaan.

Aan de oppervlakte lijkt deze familie alles te hebben; al de materiële dingen die ons gelukkig zouden moeten maken. Echter, met de loop van de tijd werd de Melbourne familie afstandelijk, eenzaam en geïsoleerd. Zij verloren zicht op al hun vele zegeningen en faalden het belang van zorgen voor elkaar te zien en daarom waren ze niet in staat ware geluk te ervaren.

Denk je dat de Melbourne familie anders zou hebben gehandeld als ze zich meer bewust waren van hun zegeningen?

Weet je hoe je je meer bewust kunt worden van jouw zegeningen?

Hoe kan je jezelf eraan herinneren dankbaar te zijn voor wat je hebt en het meeste te maken hiervan?

Aan het einde van elke dag kan je proberen een verslag bij te houden van alle dingen waar je dankbaar voor bent. Misschien kan je je Mamma of Pappa vragen je hiermee te helpen.

HET VERHAAL VAN COMPASSIE

Er was eens een familie van vier, bestaande uit een moeder, vader, zoon en dochter. De naam van de jongen was Adam en het meisje heette Anne. Helaas,was hun vader een alcoholist die te veel dronk en hun moeder was verslaafd aan drugs. Vanwege hun ouders verslavingen waren ze arm en vaak konden ze zich niet de basisbehoeften voor leven, zoals eten en kleding veroorloven.

De moeder en vader bezaten geen auto en met geen geld voor openbaar vervoer, gingen de kinderen naar de enige school die binnen loopafstand van hun huis was. Helaas was het geen hele goede school. De leraren waren niet heel aandachtig, de gebouwen waren vervallen en de klassen waren overvol. Het was een moeilijke plaats voor de kinderen om te leren.

Soms,wanneer de voorraadkast compleet uitgeput was, had de familie helemaal geen voedsel. Op deze gelegenheden zouden Adam en Anne samen naar de lokale kerk gaan om eten te halen. Zij leerder de priester bij de kerk kennen en werden goede vrienden met hem omdat hij erg aardig en compassievol was. Telkens als ze met z'n drieën samen kwamen, leerde de priester Adam en Anne bedachtzaam te zijn voor anderen en hoe je in te leven in anderen. De kinderen leerden zijn advies in de praktijk te brengen in hun dagelijkse leven.

'Compassie beoefenen geeft je de innerlijke kracht en kalmte,' zou hij tegen hen zeggen. "Je zult in staat zijn om anderen te helpen, maar zelfs als dat je niet lukt, maakt het niet uit, omdat jij de echte winnaar bent. Door compassievol te handelen zul je zelf 100% van de tijd voordeel hebben

Na veel ze veel hierover hadden nagedacht, gerealiseerden Adam en Anne zich dat dit waar moest zijn. Ze probeerden compassie te beoefenen waar zij ook gingen en met wie zij ook waren, zelfs met mensen die zij niet leuk vonden. Zij plaatsten altijd anderen voor zichzelf. Zij probeerden zich in te beelden hoe zij zich zouden voelen als zij in anderen hun schoenen zouden staan. Elke dag oefenden zij en zij vonden al snel dat zij hun eigen problemen vergaten omdat zij altijd aan anderen aan het denken waren. Als een gevolg ontwikkelden zij een grotere innerlijke kracht en voelden nooit meer ellende over hun eigen situatie.

De broer en zus begonnen thuis compassie te beoefenen. Zoals het was, maakten hun ouders vaak ruzie en hun moeder was depressief en verdrietig vanwege het vechten tegen haar verslaving. Adam en Anne probeerden haar te vertellen dat dingen beter zouden worden en dat zij haar liefhadden en dat ze niet een vreselijke moeder was. Ook al werd hun vader soms boos op hen, probeerden zij ook dit niet tegen hem te gebruiken. Zij begrepen dat hij een hoop stress en zorgen had in zijn leven en ook al waren zijn acties kwaad, zij wisten dat hij een goed mens was die diep van binnen gewoon wilde dat hij en zijn familie gelukkig waren.

Naarmate de kinderen ouder werden, werden Adam en Anne zeer wel bekend en gerespecteerd in hun gemeenschap. Met hun constante hulp slaagden hun ouders erin hun verslavingen te overwinnen. Anne en Adam gingen door om vrienden van hun ouders te helpen die gelijksoortige problemen hadden. Zij bezochten vaak de ouderen en de zieken en zorgden altijd dat zij vriendelijk tegen hun buren waren. Op een dag hoorde een televisie verslaggever over Adam en Anne en besloot een verhaal uit te zenden over deze 'compassionele kinderen'.

Als resultaat van het op TV uitzenden van hun verhaal, kwamen royale donaties binnen vanuit de lokale gemeenschap die Adam en Anne in staat stelden om een betere opleiding te ontvangen. Zij gingen naar een uitstekende school en daaarna door naar de universiteit waar beide voortreffelijke cijfers haalden. Toen zij hun opleiding hadden voltooid, keerden zij terug naar hun gemeenschap en werden goed gerespecteerde leraren. Zij leerden hun studenten alles dat zij zelf hadden geleerd; dat we wat dan ook ten goede kunnen veranderen zolang we compassie beoefenen. 'Door compassie leerden we dat we de manier dat we communiceren met onze ouders, vrienden, evenals totale vreemdelingen kunnen veranderen. Daarom kunnen we zelfs de wereld veranderen op een kleine manier.

Zou je een leven van compassie willen leven zoals Adam en Anne?
Denk je dat je iets mist als je altijd dacht aan anderen voordat je denkt aan jezelf?
Wat denk je dat je zou winnen?
Hoe zou je je compassievol starten te gedragen in jouw leven sinds vandaag?

EEN SPECIAAL VERHAAL VOOR OUDERE KINDEREN - HET VERHAAL VAN INNERLIJKE VRIJHEID

In de stad Tianzhu waren er twee Chinese jongens die goede vrienden waren en op dezelfde school studeerden. De ene heette Fuzu en de andere jongen heette Jujan. Hun beide vaders waren gedood door Chinese overheid soldaten. Beide jongens gingen gebukt onder een zwaar verdriet in hun harten.

Zij vroegen veel volwassenen hoe het kwam dat hun vaders waren gedood. De volwassenen vertelden hen, 'Helaas, hebben we geen mensenrechten en geen echte vrijheid in dit land.'

Zij vroegen de volwassenen herhaaldelijk, 'Hoe bereiken we vrijheid?' Sommigen zeiden dat zij nooit vrijheid konden bereiken, gelovende dat de Chinese mensen voor altijd onder de controle van de overheid zijn en dat zij dit simpelweg moesten accepteren. Anderen vertelden hen dat zij misschien wat vrijheid konden vinden als zij de wet leerden.

Dus beide jongens besloten recht te studeren na hun middelbare school omdat zij een antwoord wilden vinden op hun vraag. Echter, zij realiseerden zich snel dat in theorie, de wet juist en eerlijk was, echter wat opgeschreven was werd niet altijd beoefend. Jammer genoeg, ontdekten zij dat veel overheidsfunctionarissen en politie corrupt waren. Als een misdaad werd gerapporteerd, werd het zeldzaam uitgezocht omdat iemand anders iemand omgekocht had om te voorkomen dat een rapportage gemaakt werd. De twee jongens realiseerden zich toen dat de wet begrijpen niet echt zo veel hielp. Het hielp meer om geld te hebben. Dus zij stopten de wet te bestuderen omdat zij dachten dat het niet nuttig was in hun oorspronkelijke vraag naar het beantwoorden van vrijheid.

Op een dag regelden de twee jongens een ontmoeting met een gepensioneerde politicus die een heel goed begrip van internationale wetten en politiek had. Zij vroegen hem dezelfde vraag, 'Hoe kunnen we vrijheid bereiken?'

De politicus antwoordde, 'Als je individuele vrijheid wilt, moet je China verlaten en naar een democratisch land zoals Zwitserland of de Verenigde Staten verhuizen. Echter, als je innerlijke vrijheid wilt, moet je een heel ervaren en wijze monnik vragen; hij zal je het vertellen.'

Fuzu begreep niet wat de politicus bedoelde met 'innerlijke vrijheid', ook al begreep hij heel goed wat individuele vrijheid betekent. Hij zei tegen Jujan, 'Ik wil naar Shanghai gaan en dan naar Amerika proberen te komen. Ga je met me mee?'

Jujan antwoordde, 'Voordat we individuele vrijheid zoeken in een westers land, misschien moeten we eerst ontdekken wat innerlijke vrijheid is.'

Fuzu was het er niet mee eens, dus hij ging alleen naar Shanghai en regelde toen een toeristenvisum voor de Verenigde Staten. In Amerika aangekomen, werd hem een vluchtelingen visa toegekend.

Aanvankelijk dacht Fuzu dat zijn nieuwe leven in Amerika fantastisch was. Hij was veel blijer met het politieke systeem, gezondheidszorg en de vele mogelijkheden beschikbaar gesteld aan hem om het leven te leven die hij wil. Hij vond een goede baan en trouwde een Amerikaanse vrouw, met wie hij vier kinderen had. Hij wilde veel kinderen omdat je in China slechts één kind toegestaan was.

Echter, ondanks hun individuele vrijheden, waren Fuzu en zijn vrouw niet tevreden met wat zijn hadden. Deze ongelukkigheid veroorzaakte een afbrokkeling van hun huwelijk, die uiteindelijk eindigde in een scheiding. Na de scheiding van zijn eerste vrouw, hertrouwde Fuzu nog twee keer, maar dingen werden alleen erger en niet beter. Hij had veel kinderen met de verschillende vrouwen die hij had getrouwd maar kon zelden tijd besteden met hen omdat zij druk waren met hun eigen levens. Zijn leven bleek heel stressvol en eenzaam te zijn. Uiteindelijk, om hem te helpen omgaan met zijn situatie, greep Fuzu naar alcohol en drugs. Zijn mentale en fysieke gezondheid werden steeds maar erger.

Ondertussen, terwijl Fuzu naar Shanghai vertrok, regelde Jujan een ontmoeting met een Chinese monnik en vroeg hem hoe hij innerlijke vrijheid kon behalen.

De monnik antwoordde, 'Ik kan je geen onmiddellijk antwoord geven, maar als je een monnik wordt, vind je voor jezelf wat innerlijke vrijheid betekent. Er is een Tibetaans klooster genaamd Zamthang in de Sichuan provincie, waar je naar toe zou kunnen gaan. Ik bezocht dit klooster een paar jaar geleden en was zeer onder de indruk. Het enige probleem, echter, is dat zij geen Chinees spreken, alleen Tibetaans.'

Jujan bedankte de monnik voor zijn advies. Hij voelde zich zo geïnspireerd toen hij de naam van dit klooster hoorde dat hij onmiddellijk op weg ging, eerst met de bus en dan met een vrachtwagen. Toen hij aankwam en de abt, Lama Lobsang, ontmoette, was hij ongelofelijk ontroerd. Toen hij in de ogen van de lama keek, kon hij voelen dat hij het geheim van diepere innerlijke vrijheid wist, meer dan hij zich ooit had kunnen voorstellen. Jujan vertelde de lama weldra dat hij wenste zijn leven te wijden aan het bereiken van innerlijke vrijheid.

De lama antwoordde, 'Weet je het zeker?' Er is geen garantie hoe lang het zal duren; maar als dit is wat je wenst, moet je de Tibetaanse taal en Boeddhistische praktijk bestuderen.'

Jujan was vastberaden. Hij werd ingewijd als een Boeddhistische monnik en bestudeerde ijverig de Tibetaanse taal en studeerde soms Boeddhisme met de hulp van een tolk. Na drie jaar van studie kon hij vloeiend Tibetaans lezen en spreken. Hij wijdde toen acht jaar aan het bestuderen van Boeddhisme, beoefening en meditatie. Hij werd een mooi voorbeeld van een Boeddhistische monnik.

Op een dag bezochten de autoriteiten Jujan's klooster, zoals zij deden met alle Tibetaanse kloosters, en bevolen alle monniken een formulier te tekenen. Het formulier was in het Chinees geschreven, dus de monniken hadden geen idee wat ze aan het tekenen waren; zij werden alleen verteld dat het een overeenkomst was tegen 'vijanden van ons land'.

Jujan las het formulier en was erg van streek om te ontdekken dat de Chinezen de ware intentie en betekenis die het formulier bevat verborgen hielden. Het was in feite een verklaring dat de monniken tegen de Dalai Lama waren; de Boeddhistische spirituele leider. Jujan weigerde het formulier te tekenen en vertelde de andere monniken ook te weigeren. Hij kreeg dan ruzie met een van de Chinese ambtenaren. Zij probeerden Jujan te arresteren maar hij verzette zich dapper en sommige van de andere monniken probeerden hem zelfs te helpen. Na zo te worstelen voor een paar minuten slaagde hij erin om weg te komen van de autoriteiten en te ontsnappen, denkend dat dit zijn beste optie was. Na dit incident wist hij dat het niet veilig was om terug te gaan naar het klooster, dus besloot hij zijn bezittingen bijeen te rapen en zich aan te sluiten bij een kleine groep Tibetanen die een trektocht over het Himalaya gebergte hielden, in de hoop naar India te ontsnappen.

De vluchtelingen moesten een lange route nemen om de Chinese soldaten te vermijden. De reis duurde anderhalve maand. Velen waren onderweg gewond geraakt, aangezien de paden ruig en glad waren, bedekt met ijs, sneeuw en soms dichte doornig struikgewas. Gedurende de trektocht werd Jujan verliefd op een Tibetaans meisje in de groep genaamd Pema. Aangezien ze naar een Chinese school was geweest, kon ze vloeiend Chinees spreken. Ze begonnen met elkaar te praten en ontdekten snel dat zij veel gemeen hadden.

Na veel avonturen en lange vermoeiende dagen, arriveerden zij bij het Tibetaanse Vluchtelingen Ontvangst Centrum in Nepal en later reisden zij verder naar India. Toen zij eindelijk arriveerden, schreven zij zich in bij een kostschool voor volwassenen, waar meer dan duizend volwassenen Tibetaanse vluchtelingen werden gevoed, een schuilplaats hadden en gratis onderwijs kregen. Slechts een klein aantal van de studenten waren vrouwen omdat het over het algemeen makkelijker was voor mannen om lange afstanden af te leggen en daarom waren vrouwen zeldzaam.

Op een dag werd een man met een grote hoeveelheid geld en status verliefd op Jujan's vriendin waardoor het koppel scheidde. Jujan's hart was gebroken. Hij kon studeren noch slapen. Dus hij verliet de school zonder plaats om te leven en geen benodigdheden, dus hij ging naar een klooster en bedelde om voedsel, terwijl hij een paar weken in het bos sliep. Snel besloot hij dat hij niet door kon gaan zo te leven.

Hij dacht tot zichzelf, 'Ik ben door zo veel liefdesverdriet en lijden gegaan. In feite geef ik niet zo veel om geld, vriendinnen of wat andere mensen van me denken. Dus nu kan ik de waarheid zien: dat deze 'dingen' niet de ware bron van geluk zijn. Ik wil gewoon een simpel leven leiden en terugkeren naar mijn oorspronkelijke doel. Wat ik het meeste van alles wil is innerlijke vrijheid vinden.'

Hij ging naar de Dalai Lama's kantoor en zij kwamen overeen hem regelmatig geld te geven voor voedsel en andere basisbehoeften met als voorwaarde dat Jujan oprecht meditatie oefende. Zij gaven hem een van de toevluchtshutten hoog in het bergbos om in te leven. Hij bleef daar vijftien jaar, terwijl hij zijn geest absoluut concentreerde en zo ontdekte hij de vreedzame staat van geest die vrij is van de invloed van gedachten en emoties.

De meeste mensen hebben ongecontroleerde emoties. Bijvoorbeeld; iemand heeft de pech dat zijn eigendommen worden gestolen, hij wordt ziek of moet een hechte vriendschap beëindigen, hij zal normaal heel verdrietig of depressief zijn. Dus de ironie is dat de meeste mensen worden gecontroleerd door hun ongecontroleerde emoties omdat zij voelen dat zij geen keuze hebben dan zo te reageren. Maar Jujan kon de controle van zijn emoties over hem overwinnen. Door zijn beoefening herstelde hij compleet van zijn harteleed en was niet langer een slaaf van de grillen van zijn emoties. Hij kon leven van alleen een paar rijstkorrels als voeding en compleet gelukkig zijn helemaal alleen. Hij kon zelfs al zijn eigen ziekten genezen zonder de hulp van een dokter. Na tien jaar, toen hij hoorde dat zijn familie gestorven was, was hij niet van streek; hij wist dat dood een onvermijdelijk deel van het leven was en accepteerde dit met compassie en bescheidenheid. Jujan's verhaal verspreidde zich door heel India en hij werd vrij beroemd.

Op een dag ontving hij een brief van een grote Chinese tempel in America, waarin hij gevraagd werd om op bezoek te komen en de tempel te zegenen en wat lessen te geven. Hij accepteerde de uitnodiging omdat hij een visie had dat hij zijn oude vriend Fuzu zou ontmoeten, en hij was enthousiast om voor het eerst te kunnen spreken over zijn ervaringen in zijn moedertaal.

Toen hij arriveerde in de Verenigde Staten, ging Jujan de tempel binnen en voerde een paar ceremonies uit om de heilige plaats te zegenen en begon vervolgens zijn lessen te geven. Veel mensen kwamen om naar hem te luisteren. Gedurende deze tijd onderging Fuzu groot mentaal leed, zo veel zelfs, dat hij zich overgaf en in plaats daarvan naar spirituele troost begon te zoeken. Dit was de rede dat hij naar de tempel kwam. Hij had geen idee dat zijn oude vriend Jujan daar zou zijn, en was verbijsterd en stond versteld toen hij hem zag. Jujan liet Fuzu overnachten in de tempel. Gedurende de hele nacht spraken zij over hoe Fuzu individuele vrijheid had gevonden, terwijl Jujan innerlijke vrijheid had ontdekt.

Wat heb je nodig om individuele vrijheid te bereiken?
Wat heb je nodig om innerlijke vrijheid te vinden?
Welke is volgens jou de meest waardevolle vorm van vrijheid?
Hoe kunnen we leren om controle te hebben over onze geluk?
Hoe kan je innerlijke vrijheid vinden in je leven zonder naar een klooster te gaan of je huidige situatie te verlaten?

Het zal enorm bevorderlijk zijn om al de verhalen vele keren opnieuw te herlezen om meer over hun verborgen betekenis te begrijpen. Leer nu over de kwaliteiten van geluk en doe je best om ze de hele tijd te beoefenen, zodat je een waarlijk gelukkig leven kan leiden.

Tieners: Het juiste pad beginnen

Het gaat me aan het hart om deze belangrijke boodschappen aan tieners te leren, omdat het zo'n beslissende tijd in iemands leven is en ik geloof dat we slechts één kans hebben om het juist te krijgen. Daarom als je een tiener zoon of dochter heb, moedig hen dan aan om dit hoofdstuk te lezen. Als je zelf in deze leeftijdsgroep zit, zal je enorm profiteren van het lezen en reflecteren op dit hoofdstuk.

Als tieners worden we jong, slim en energiek geacht, met het potentieel om beslissingen te maken die ons kunnen leiden tot grote levenservaringen. Dit laat ons op onze beurt grotere wijsheid ontwikkelen die ons in staat stelt om een impact te maken op de wereld. Aan de andere kant, omdat we ervaring missen zullen we niet de wijsheid bijeengebracht hebben, welke kan betekenen dat we beslissingen maken die ons potentieel verminderen of schaden en onszelf of de mensen om ons heen groot leed kunnen veroorzaken.

Het is een gemeenschappelijke mythe dat tieners nooit luisteren naar het advies van oudere mensen omdat zij afgeleid zijn, te trots of geen waarderingen hebben voor de meningen van oudere generaties. Ik geloof niet noodzakelijkerwijs dat dit waar is. Echter, ik merkte op dat jonge mensen soms excessief trots zijn op wat zij tot dusver hebben geleerd in hun respectievelijk korte levens en huiverig zijn om te accepteren dat er nog steeds veel te leren is. Dit is een teken van een gebrek aan wijsheid, omdat hoe wijzer we zijn, des te meer we zouden moeten willen leren van anderen.

Het is mijn diepgaande wens dat je dit hoofdstuk zal lezen en analyseren wat het te zeggen heeft. Ten slotte, ongeacht of je een tiener bent of niet, is er geen twijfel dat je, net als iedereen, zoekend bent om geluk te bereiken en lijden te vermijden in jouw leven.

Zoals eerder gezegd, zijn de hoofdoorzaken van geluk hetzelfde wanneer we een jaar oud zijn of honderd jaar oud. Maar als tieners hebben we unieke uitdagingen het hoofd te bieden en belangrijke beslissingen te maken. Daarom moeten we de nadruk leggen op kwaliteiten zoals focus, doelmatigheid, vastberadenheid en zelfvertrouwen.

Veel mensen voelen spijt wanneer zij terug kijken op hun tienerjaren. Omdat zij zich realiseren dat zij te veel tijd en energie hebben verspild aan dingen die zij zagen als belangrijk op het moment en sommige verlangen ernaar om weer een tiener te worden om het anders te ervaren. Echter, het is onmogelijk om de tijd terug te draaien en daarom ongelofelijk belangrijk om het meeste te maken van de speciale mogelijkheden die tienerjaren ons geven en om ze wijselijk te gebruiken.

Het belang van het ontwikkelen van focus

Het lijkt paradoxaal dat tieners, met hun natuurlijke overvloedige energie en intelligentie, de neiging hebben om juist deze kwaliteiten te verspillen. Wat zorgt ervoor dat tieners zich zo gedragen? Ik geloof dat het komt doordat we op deze leeftijd vaak innerlijke focus missen en gemakkelijk afgeleid raken door alles om ons heen. We zijn geabsorbeerd door de producten van de populaire cultuur, zoals films, beroemdheden en het internet. We hebben ook een lichaam dat vrij radicale transformatie ondergaat en een nieuw ding genaamd 'romantische liefde' neemt veel van onze tijd en energie.

Het is natuurlijk dat we leuk gevonden willen worden door onze leeftijdsgroep en experimenteren met heel veel nieuwe dingen, maar we moeten onthouden dat we net aan het begin van onze levensreis staan en in het merendeel van de gevallen zijn we emotioneel onvolwassen. Kortstondige relaties kunnen een kenmerk van deze tijd zijn vanwege onrealistische verwachtingen of omdat we gemakkelijk verveeld zijn. Verveling is een gewone malaise omdat we zo afhankelijk zijn van externe prikkels. We vallen in het patroon: als we niet genoeg stimulatie krijgen, is het waarschijnlijk dat we interesse verliezen. Dan is uiteindelijk onze behoefte aan externe 'dingen' om ons tevreden te houden sterker dan onze drijfveer om te leren.

Het is bijna komisch dat we zo opgeslokt zijn door externe factoren terwijl onze blik op de wereld en de ware reikwijdte van onze kennis zo beperkt is! Dit betekent niet dat we dom zijn. Echter, het betekent dat vanwege het relatieve gebrek aan levenservaring—we het moeilijk vinden om te onderscheiden wat belangrijk is en wat niet. En totdat we een meer volwassen gezichtspunt hebben ontwikkeld, onze energie verspreid zal zijn op wat er dan ook willekeurig voor onszelf verschijnt. Bovendien kan onze geest zo overmand raken met hormonen gedreven emoties dat ons de consequenties van onze acties niet uitmaakt omdat we niet begrijpen wat zij werkelijk zijn. Daarom is het belangrijkste voor jou om zorgvuldig de motivatie achter je acties evenals de mogelijke consequenties te overwegen.

Oefening: Hier is een heel nuttige oefening om je te helpen plannen voor de toekomst en je focus te verbeteren.
Elke dag (misschien vroeg in de morgen of het laatste ding voordat je naar bed gaat) besteed vijf minuten denkend aan wat je gedaan hebt die dag.
Besteed deze tijd reflecterend op de beslissingen die je hebt gemaakt en de acties die je hebt ondernomen.
Bijvoorbeeld, heeft iets je van streek of boos gemaakt? Hoe ben je om-

gegaan met de emoties die je voelde? Hoe hebben zij jouw acties en beslissingen beïnvloed? Denk zorgvuldig over de korte-termijn en de lange-termijn consequenties van jouw acties.

Houd altijd een bewustzijn over al jouw beslissingen en acties, onafhankelijk hoe klein of groot zij lijken. Dit zal je lange-termijn mentale focus verscherpen en je vaardigheid om te plannen voor toekomstige doelen in de toekomst verbeteren.

HOE KIES JE EEN PAD IN HET LEVEN

Als tieners staan we op het punt om ons volledige potentieel te ontdekken. Met onze jeugd en uitbundigheid liggen alle wonderbaarlijke mogelijkheden voor het oprapen. We zouden rijk en beroemd, een wereld leider of een held kunnen zijn. We kunnen kiezen om het klimaatprobleem op te lossen, een dokter te worden en levensgevaarlijke ziektes te genezen of werken voor NGOs in Buitenlandse Hulp om uithongering te voorkomen. We hebben allemaal deze mogelijkheden binnen handbereik omdat alles mogelijk is! En toch lijkt het zo moeilijk om te weten wat te doen. Hoe weten we welk pad te nemen? Hoe kunnen we onze rolmodellen kiezen? Hoe komen we waar we willen zijn? Welke voordelen hopen we te ontvangen wanneer we daar zijn? Maar waar we werkelijk naar zoeken, is onze eigen identiteit, wat niet een onbelangrijk ding is.

Omdat we zo gemakkelijk afgeleid zijn, vallen we prooi aan het kijken naar iets makkelijks en niet uitdagends om onze geest bezig te houden en af te leiden. Vaak besteden we talloze uren met het surfen over het internet, vrienden berichten te sturen of luisterend naar muziek. Onze geesten raken getraind om zich op deze manier te gedragen, altijd naar buiten te kijken voor plezier en afleiding in plaats van naar binnen. Plotseling vinden we het extreem moeilijk om gewoon met onszelf te zijn of om naar voren te denken over plannen voor onze toekomst. Zelfs wanneer we de toekomst voor onszelf proberen te zien en de mogelijkheden die voor ons open staan, is het makkelijk om ondergedompeld in fantasie te geraken, verlamd door keuze, niet denkend en gewoon volgend wat onze vrienden aan het doen zijn.

Hier is wat praktisch advies voor overweging wanneer je probeert je toekomst te bepalen.

Heb ik de benodigde eigenschappen om mijn gekozen doel te bereiken?

Als we een beroemde artiest of welbekende acteur willen zijn, hebben we waarschijnlijk een goed uiterlijk nodig, een melodieuse stem, de vaardigheid om heel hard te werken en bovendien goed geluk. Stel jezelf de vraag:

- Heb ik werkelijk al deze attributen?
- Heb ik de zelfverzekerdheid en de vastberadenheid om dit doel na te streven?
- Is het zeker dat ik niet halverwege opgeef omdat het te moeilijk is?
- Ben ik ijverig genoeg en heb ik het doorzettingsvermogen om mijn doelen te bereiken?
- Streef ik dit doel na omdat ik dat echt wil, niet omdat iemand anders het van me verwacht?

Als ons antwoord 'ja' is op deze vijf vragen, laten we er dan voor gaan! Omdat je hebt wat er nodig is en het is waarschijnlijk dat je zult slagen. Echter, als je niet zeker bent over het antwoord op elke van deze vragen, dan is het onwaarschijnlijk dat dit type doel het waard is na te streven en zou het kunnen dat we gewoon een fantasie nastreven en eindigen onze energie te verspillen. Als we onze waardevolle tijd en energie verspillen, stopt dit ons van andere meer waardevolle doelen te behalen.

Zal dit doel mijn gehele leven baten?

Als we er zeker van zijn en bepaald hebben een specifiek doel te behalen en dit doel is realistisch, dan is het waarschijnlijk dat we het zullen bereiken. Echter, we moeten voorzichtig contempleren of dit doel betekenisvol zal zijn en ons vele jaren later zal baten.

Als ons doel bijvoorbeeld is om een beroemde zanger of topsporter te worden moeten we zorgvuldig de consequenties overwegen van het steken van al onze energie in het realiseren van onze droom. Eerst moeten we begrijpen dat alleen heel weinig uitzonderlijke mensen de kost kunnen verdienen met dit soort pad, en als we dit doel niet behalen, zouden we onszelf onnodig kunnen veroordelen tot een leven met grote financiële ontberingen. Bovendien, kan het moeilijk zijn om ons te vestigen als we constant van locatie moeten veranderen om werk te vinden. En als we dan in de toekomst succesvol zijn, zou het kunnen dat er niet langer vraag naar onze vaardigheden is wanneer we oud worden. We zouden dan moeite kunnen hebben een normaal leven te leiden, in het bijzonder als we geleefd hebben in een fantasiewereld of nooit ontberingen hebben ervaren.

Het zou een beetje raar kunnen klinken maar in Tibet zijn sommige van de monniken of nonnen beroemde mensen, net als filmsterren in de westerse cultuur. Persoonlijk, heb ik nooit een populaire lama willen worden in Tibet omdat ik verplicht zou zijn geweest om me op een bepaalde manier te gedragen en extreem bewust van mijn gedrag te zijn. Als een beroemde lama of non in Tibet, zouden zij altijd omringd zijn door hordes mensen en niet in staat zijn om te ontspannen en natuurlijk te leven.

Dus daarom moeten we stoppen en voorzichtig denken.

- Hoe zal ons doel najagen en bereiken ons leven beïnvloeden?
- Zijn we nog steeds vastbesloten om dit doel te behalen?
- Denken we dat het ons een betekenisvol leven zou geven?
- Zijn er betere manieren om een betekenisvol leven na te jagen?

Dus we moeten even pauzeren en eerlijk tegen onszelf zijn. Bijvoorbeeld, als we zelfbewust zijn, dan zouden we een leven van roem en beroemdheid verontrustend vinden. Daarom zouden we onze tijd en energie verspillen om erover te fantaseren. Als we deze innerlijke waarheden over onszelf kunnen herkennen, dan kunnen we beginnen te kijken naar de talloze andere mogelijkheden. Als we onze voorgaande rigoureuze vragen toepassen op de andere mogelijke opties dan zal je dichterbij zijn om in te zoomen op het ideale doel om voor te gaan. Als je dan het doel dat juist voor jou is hebt gekozen, is je volgende taak om je focus te gebruiken met single-minded vastberadenheid om het te bereiken. Je zal merken dat als en wanneer (omdat het wel gebeurt) we onszelf in twijfel trekken of twijfelen aan onszelf, we dan verward worden en zicht verliezen op ons pad.

Als we worstelen om ons leven compleet te wijden aan iets zonder twijfels, dan moeten we een plan bedenken om in stadia te bereiken wat we willen. Terwijl het goed is om zelfverzekerd te zijn dat je je doelen kan bereiken, is het beste om op uitdagingen te anticiperen en altijd een reserve plan te hebben. Als ons hoogste plan niet lukt, moeten we niet ontmoedigd zijn omdat ons plan vele verschillende niveaus van succes—inclusief het slechtste scenario bevat. Daarom moeten onze plannen onze hoogste aspiraties in kaart brengen en de weg wijzen zodat we voorbereid zijn om tevreden te zijn met het slechtste scenario. Maar belangrijker, stop nooit met proberen iets te behalen!

Het is lui denken om te geloven dat als we hard werken, ons leven dan moeilijker zal zijn. Maar in feite is het tegenovergestelde waar. Ons leven kan juist makkelijker worden op de lange termijn en we kunnen zelfs een stadium bereiken waar wat eens hard werk leek, 'moeiteloos' wordt. Aan de andere kant, als we er geen moeite in steken en zelfingenomen worden, zou ons leven makkelijk lijken maar in de realiteit zal het veel moeilijker zijn. Een waarschuwend woord echter, er is een gevaar voor sommige mensen om overdreven doelgericht te worden en familie, vrienden en andere belangrijke aspecten van hun leven te ver-waarlozen. Dus hou alsjeblieft in gedachten dat er een balans moet zijn. Maar voor de meeste van ons, is veel energie stoppen in ons principiële doel extreem de moeite waard zo lang we de andere dimensies van het leven die ons omringen als mensen niet vergeten.

Als we het principe van consistent hard werk beoefenen, verbeteren we ook onze mogelijkheid om te focussen en te concentreren. Door hard ergens aan werken wat we de moeite waard beschouwen, kun-nen we efficiënter en helderder in ons denken worden en uiteindelijk een aangeboren gevoel van vreugde en voldoening ervaren, terwijl we geabsorbeerd zijn in een bepaalde taak. Met efficiëntie vinden we het makkelijker om voor onze materiële behoeften te zorgen. We kunnen dit gebruiken als een basis voor het versimpelen van onze levens, ons in staat stellende om meer tijd toe te wijden aan de belangrijkere bezig-heden, zoals vriendschappen cultiveren, nieuwe interesses en vaardig-heden ontwikkelen, of misschien zelf kiezen om een spiritueel leven te leiden. Er zal hier meer over gezegd worden in de latere hoofdstukken.

Voordat ik voortga, zal ik de hoofdpunten samenvatten die je nodig zal hebben om jezelf af te vragen als tiener om in de juiste richting aan de gang te gaan.

- Mijn identiteit vinden betekent de juiste doelen kiezen die haal-baar zijn.
- Heb ik de noodzakelijke eigenschappen om dit doel te bereiken?
- Kan dit doel mezelf duurzaam in stand houden nu en in de to-komst?
- Hoe zou dit doel mijn leven beïnvloeden?
- Wat is mijn reserve plan; wees voorbereid om alle mogelijke ui-tkomsten te accepteren, goed en slecht.
- Hard werken richting een doel kan mijn concentratie en effectivi-teit verbeteren.

Hier is een kort verhaal voor alle tieners om te lezen dat het belang van vastberadenheid illustreert. Ik hoop dat jij zal begrijpen waarom het leven van de twee hoofdrolspelers zo anders uitpakte en dat je de impact van de keuzes waardeert die zij maakten toen zij jong waren.

EEN VERHAAL VAN VASTBERADENHEID

Er zijn twee jongens die samen studeren in het Tibetaanse Kinderdorp in Dharamsala in Noord India, welke zoals een kostschool is voor jonge Tibetaanse kinderen. Tenzin was geboren in Dharamsala en groeide daar op, terwijl Jigma was geboren in Golok, een provincie in Tibet. De jongens zijn heel competitief en ze concurreren altijd tegen elkaar in hun studies.

Tibetanen en veel Aziatische mensen geloven dat westerse landen in veel grotere mogelijkheden voorzien, in het bijzonder als het neerkomt op werk en studie. Wanneer Tenzin opgroeit, kan zijn vader, die een Tibetaanse overheidsfunctionaris is, hem naar Zwitserland sturen om zijn opleiding en zijn leven in het algemeen te verbeteren. Tenzin verteld Jigme hierover en schept op dat hij een veel succesvollere toekomst zal hebben dan zijn klasgenoot.

Ook al is Jigme van streek dat hij niet dezelfde mogelijkheden zal hebben dan toegewezen aan Tenzin, hij belooft aan zichzelf dat hij hard zal studeren om zijn vriend in te halen.

Wanneer Tenzin in Switzerland arriveert, voelt hij zich alsof hij in de hemel is en kan niet geloven hoe fortuinlijk hij is. Hij vindt het land mooi en is verbaasd dat al zijn behoeften gemakkelijk tegemoetgekomen worden. Wanneer hij naar school gaat, heeft hij geen probleem met de taal omdat hij Engels studeerde in India. In het begin wanneer hij voor het eerst arriveert, denkt hij bij zichzelf: 'Ik moet heel hard studeren om een goede opleiding te krijgen, zodat ik voor het welzijn en de toekomst van de Tibetaanse mensen kan werken.'

Echter, na een paar weken van ijverige studie, begint Tenzin zijn focus te verliezen. Hij raakt in beslag genomen met zijn nieuwe sociale leven en verliest zijn vastberadenheid om te studeren. Vaak wanneer we worden geconfronteerd met het onderhouden van afleidingen en mogelijkheden om plezier te maken, beginnen we meer te willen ontsnappen aan en het zicht te verliezen op ons originele doel, omdat we zo gefocust zijn op huidige geneugten. De jaren gaan voorbij en Tenzin raakt uiteindelijk depressief omdat hij geen werk kan vinden na zijn studie afgerond te hebben, aangezien zijn eindcijfers niet hoog genoeg waren. Hij raakt aan de drank om zichzelf te helpen om ermee om te gaan. Subjectief en objectief kunnen we zien dat Tenzin's leven veel erger wordt dan wanneer hij in Dharamsala leefde.

Voor Jigme was naar een westers land verhuizen niet van toepassing. Met heel weinig geld is het onmogelijk voor hem om een visa te verkrijgen. Dit weerhoudt hem er niet van om erg hard te studeren en zijn concentratie te behouden op zijn studies aan de TCV school. Na het afstuderen kan hij zich niet veroorloven om aan verdere studie deel te nemen omdat hij naar een Indiase school zou moeten gaan en vergoedingen zou moeten betalen.

Dus Jigme huurt een heel simpele keuken, waar hij zowel slaapt en leeft en zichzelf ermee onderhoudt door voedsel klaar te maken en te verkopen. Elke dag staat hij op om vier uur in de ochtend en maakt twee uur lang brood om te verkopen op de straat. Na de ontbijt handel gaat hij naar huis om Engels voor gevorderden te studeren, wiskunde en informatica, allemaal gedaan middels studie op afstand. Dan van vier tot zes in de avond keert hij terug naar zijn keuken om momo's te koken, een soort ronde dumpling gevuld met groenten of vlees. Hij verkoopt ze elke avond en wanneer ze uitverkocht zijn, keert hij terug naar huis om te studeren tot middernacht. Hij heeft geen 'prettige' activiteiten of plezier om hem af te leiden. Nu en dan voelt hij zich verdrietig en alleen, maar hij heeft eigenlijk nooit genoeg tijd om er bij stil te staan. Gedurende vijf jaar leeft hij op deze ongelofelijk gestructureerde manier.

Op een dag ontmoet Jigme een grijsharige westerner genaamd Isobel en ze stelt Jigme een paar vragen terwijl hij momo's aan het verkopen is. Zij kunnen onmiddellijk met elkaar opschieten en van die korte eerste ontmoeting besluit ze hem voor een diner uit te nodigen. Isobel blijkt uit Zwitserland te komen en bezoekt Dharamsala regelmatig omdat ze verscheidene Tibetaanse politici in haar thuisland aan het helpen is. Ze vraagt Jigme wat zijn doel is. Hij vertelt haar dat hij naar de universiteit wil gaan en een professor wil worden.

Na het diner neemt isobel Jigme mee om te zien waar hij woont. Zij is geschokt door zijn armzalige situatie en enorm geraakt door zijn vastberadenheid om zichzelf te scholen. Dus biedt Isobel aan hem te sponsoren om aan de universiteit van Zwitserland deel te nemen. Jigme is sprakeloos.

Gedurende een tijd denkt Jigme dat hij in een droom leeft en maakt zich zorgen dat Isobel van gedachten verandert. Maar voordat hij weet wat er is gebeurd, reist Isobel naar Delhi en regelt zij Jigme's visa. Hij is stomverbaasd door zijn geluk dat hij naar Zwitserland zal gaan!

Voordat Jigme vertrekt, praat hij bij met zijn beste vriend, een jonge monnik genaamd Konchok. De monnik feliciteert hem en hij verlaagt zijn stem, 'Je moet twee dingen onthouden wanneer je in Zwitserland bent:

Het is de menselijke natuur om focus te verliezen wanneer je 'meer' hebt en in betere omstandigheden leeft. Maar als je probeert je focus te behouden, kan je vele dingen bereiken en een gelukkig leven leiden. Als je ten prooi valt aan hebzucht of luiheid zal je groot lijden tegenkomen. Ten tweede, Jigme, je moet nooit het welzijn van de Tibetaanse mensen vergeten, hoe goed je situatie ook is.'

Jigme belooft Konchok dat hij nooit zijn advies zal vergeten.

Een week later wordt Jigme's visumaanvraag goedgekeurd en vliegt hij naar Zwitserland. Bij zijn aankomst is hij verbaasd en reageert op dezelfde manier als Tenzin. Het enige verschil is dat Jigme zich iedere dag herinnert aan de wijze woorden van zijn beste vriend Kolchok. Jigme studeert zeven jaar psychologie en werkt als grafisch designer in zijn vrije tijd. Een jaar na zijn afstuderen wordt hij verliefd op Isobel's dochter Heidi en uiteindelijk trouwen zij. Een aantal jaar later wordt Jigme professor psychologie en heeft hij zijn eigen praktijk die extreem succesvol is. Een dag geeft Jigme een openbare les aan een topuniversiteit in Zürich.

Rond deze tijd is Tenzin nog steeds werkloos, hij is alleen en is begonnen met het nemen van drugs om aan zijn negatieve emoties te ontsnappen. Hij besluit naar de lezing te gaan omdat het over psychologie gaat en hij denkt dat het nuttig kan zijn voor hem. Wanneer hij in de zaal aankomt, herkent Tenzin plotseling het gezicht van de spreker. Middenin de lezing vertelt Jigme dat hij naar school ging bij het Tibetaanse Kinderdorp en dat hij een medeklasgenoot genaamd Tenzin had. Hij vertelt de menigte dat hij naar Zwitserland verhuisde veertien jaar geleden en dat hij nooit gehoord heeft wat daarna is gebeurd. Tenzin's mond valt open als hij zich realiseert dat het zijn klasgenoot Jigme is, die de lezing verzorgt. Hij is stomverbaasd dat zijn oude rivaal zo succesvol is geworden, en over de ironie dat zijn leven zo'n mislukking bleek te zijn.

Denk over hoe twee jongens met zulke gelijksoortige achtergronden zo verschillend konden opgroeien. Herinner je je de twee dingen die het belangrijkste waren voor Jigme en die hem inspireerden te behalen wat hij deed? Denk nu over hoe je jouw eigen leven kan inspireren met een doel dat werkelijk betekenisvol is voor jou. En denk voorzichtig wat voor verschil dit kan maken voor je toekomst.

DE KUNST VAN ZELFVERZEKERDHEID

Als tieners zijn we acuut sensitief voor de meningen van anderen. Dit is omdat we nog niet de vereiste innerlijke focus hebben ontwikkeld om onszelf te kennen en werkelijk de positieve en negatieve consequenties van onze acties te begrijpen. Onze relatief beperkte wereldlijke ervaring betekent dat het onwaarschijnlijk is dat we veel onderscheidend bewustzijn hebben als tieners. Waarneming is beperkt, zoals via het oog van een naald en we vallen gemakkelijk in de val van te veel vertrouwen op de meningen van anderen. Interessant genoeg is dit niet uitsluitend voor tieners in het Westen.

Zelfs in mijn kleine dorp in Tibet geef ik toe, dat ik zelf geobsedeerd was met zelfbeeld en extreem zelfbewust was van wat anderen dachten. Ik gedroeg me altijd natuurlijk met mijn gezin en familieleden, omdat ik het niet zo belangrijk vond dat het bij hen perfect moest zijn. Echter, als mijn vrienden of anderen uit de gemeenschap bij ons thuis kwamen; wat ik ook deed en hoe mijn ouders, broeder en zussen en mijn familieleden zich ook gedroegen, zou ik volkomen in verlegenheid gebracht zijn, tenzij alles perfect was. Als ik nu terugkijk, is het duidelijk voor me dat ik me in het bijzijn van mijn vrienden en bekenden vals gedroeg, alleen omdat ik wanhopig wilde dat ze een goede mening over me zouden hebben.

Als tieners is onze cirkel van invloed over het algemeen beperkt. Als resultaat daarvan is ons begrip van wat werkelijk mogelijk is even beperkt. We neigen veel vrienden te willen, geliefd te worden door die vrienden en populair te zijn. Daarom besluiten we de interesses te volgen van de gelijkgestemden. We doen ons best om grappig en leuk te zijn. Jongens in het bijzonder willen waargenomen worden als 'cool' en om dit te bereiken, zouden ze kunnen opscheppen over vriendinnen of anderen belachelijk maken. Meisjes neigen aan de andere kant de nadruk te leggen op hun uiterlijk en besteden veel aandacht aan make-up, kleding en haar om zich meer aantrekkelijk te voelen voor anderen. Imago wordt het belangrijkste aandachtspunt en dit wordt aangemoedigd door onze groep van gelijken in de media.

Maar als we stoppen en zorgvuldig reflecteren, is de realiteit dat we ons als tieners alleen werkelijk zorgen maken over hoe mensen van onze eigen leeftijd ons beoordelen. Het kan ons niet schelen wat de rest van de wereld van ons denkt. Noch zijn we in het bijzonder bezorgd over de consequenties van onze obsessie met ons 'geconstrueerde' zelfbeeld. Als dit eigenlijk een ongezonde fixatie wordt, neigen we blind te worden voor de vele dingen die werkelijk waardevol zijn in deze wereld.

Soms decoreren we onze mooie jonge lichamen met tatoeages of piercings. Ook al is er niets verkeerds met er mooi uit willen zien en trots te willen zijn op je unieke identiteit; onthoud dat je je op een dag misschien niet op dezelfde manier voelt over jouw geïnkte symbolen of 'coole' piercings, op middelbare leeftijd, of zelf in je dertigste. De tatoeageverwijdering industrie is nu big business en het kan duizenden euro's meer kosten om langzaam en pijnlijk een tatoeage te verwijderen dan om de originele tatoeage zelf te laten zetten. Onthoud dat de mode verandert en het doet dat ook heel snel.

Soms kan een obsessie met zelfbeeld ons leiden naar nog schadelijker gedrag. Tegen deze tijd zijn we ons allemaal bewust van de schadelijke effecten van drugs, sigaretten en alcohol. We zijn echter jong en het is aanlokkelijk om ze te proberen en soms de gewoonte te ontwikkelen; om 'cool' te lijken of te compenseren voor een gebrek aan eigenwaarde. Als we de werkelijke reden achter deze voorkeuren om illegale substanties te proberen te begrijpen, worden we voorbereid om onze vastberadenheid, zelf-discipline en wijsheid te gebruiken om onze lichamelijke en mentale gezondheid veilig te stellen van de effecten van deze schadelijke substanties.

Naarmate we ouder en meer ervaren worden, bereiken de meeste mensen zelfvertrouwen. Zij stoppen zich zoveel zorgen te maken over wat anderen denken en worden niet langer gedreven door het verlangen om populair te zijn. Wanneer we meer zelfvertrouwen hebben, verwerven we ook de wijsheid om betere beslissingen te nemen, gebaseerd op onze eigen observaties in plaats van de meningen van anderen. Helaas is er geen magische truc om onszelf ineens een innerlijke focus en zelfkennis te geven. In plaats daarvan moeten we het voor onszelf uitvinden door te observeren, te leren en te groeien met elke levenservaring. En wees ook niet bang voor mislukkingen of negatieve ervaringen, aangezien zij vaak onze meest waardevolle lessen kunnen worden als we ze in integreren in onze voortgang.

Wanneer je van jezelf merkt dat je indruk probeert te maken op een andere persoon, is het nuttig om jezelf deze vraag te stellen: waarom is zijn mening zo belangrijk voor mij? En wat denk ik zelf over deze kwestie? Constant reflecteren op deze manier zal ons helpen om een innerlijke focus te ontwikkelen en we zullen geleidelijk onze eigen geest gaan begrijpen, omdat iemand die veel diepte, ervaring en wijsheid heeft, zelfbewust zal zijn. Dit is omdat hij voor zichzelf kan beoordelen wat goed en wat slecht is, wat waardevol is en wat niet, waar zijn energie op te concentreren en wat een verspilling van tijd is.

SEX, DRUGS EN ROCK AND ROLL

Ik noemde eerder enkele van de zelfbeschadigende gedragingen waar mensen mee experimenteren als zij tieners zijn; in het bijzonder drugs en excessieve alcoholconsumptie. Ik ben heel erg tegen drugs en alcohol gebruik, misschien omdat ik er nooit aan blootgesteld ben wanneer ik opgroeide en daarom gemakkelijk de schade zie die zij kunnen aanrichten. In het Westen heb ik geobserveerd dat men zich vaak onder druk gezet voelt om alcohol te drinken om meer mannelijk of 'man' te lijken, en sommige vrouwen lijken te denken dat drinken hen meer uitgaand, zeker en aantrekkelijk voor mannen zal maken. Deze ideeën worden vaak gepromoot door een samenleving met een beperkte en bekrompen blik en een gebrek aan alternatieve culturele invloeden. In de provincie Golok in Tibet bijvoorbeeld roken of drinken geen van de vrouwen, en alleen rond de vijf procent van de mannen nemen deel aan deze activiteiten.

Veel mensen geloven dat een leven zonder alcohol een saai leven is, maar ik stel hier mijn vragen bij. Denk je dat iemand die nooit hoofdpijn heeft gehad saaier is dan een persoon die hoofdpijn heeft en het verlicht met wat medicatie? Evenzo, is iemand met zonder jeuk saaier dan iemand die jeuk heeft maar krabt en het verlicht? We kunnen denken van bedwelmende middelen als een voorbeeld van wat Boeddhisten bedoelen met verslaafd raken aan een verlangen: een drug gebruiken geeft ons een plezierige sensatie en dit leidt tot een verlangen voor meer van die sensatie. Uiteindelijk kan er een punt komen wanneer het verlangen onze levens overgenomen heeft en we al onze tijd besteden om gewoon te proberen dat verlangen te vervullen, zonder ooit werkelijk het te voldoen. Ik zeg niet dat drugs niet plezierig of leuk zijn wanneer je ze neemt; echter; er is een groot gevaar dat je de controle zal verliezen over je leven.

Zelfs als we niet verslaafd worden, kunnen drugs het lichaam en de geest serieus schade toebrengen. Net als drugs één keer nemen een serieuze mentale ziekte zou kunnen triggeren of ons kan leiden om ons met schadelijk gedrag bezig te houden. Ik hoor vaak verhalen van mijn bevriende doktoren dat zij op de spoedeisende hulp van ziekenhuizen jonge mensen zien die drugs hebben genomen en zichzelf of anderen hebben verwond, terwijl ze onder de invloed waren van die drugs. Alle drugs kunnen dit doen. Zelfs drugs waarvan je denkt dat ze onschuldig zijn, zoals marihuana, kunnen nadelige gevolgen hebben op de hersenen en leiden tot serieuze mentale ziektes zoals schizophrenie.

Helaas hebben veel jonge mensen het idee dat drugs leiden tot spirituele ervaringen, waarbij ze het zien of voelen van ongebruikelijke dingen verwarren met 'spirituele vooruitgang of bewustwording'. Dit is een compleet verkeerd standpunt, omdat spirituele realisatie ons meer zelfbeheersing, meer geaardheid en meer contact met de realiteit moeten geven. Drugs daarentegen zorgen er alleen maar voor dat we onze zelfbeheersing verliezen met denkbeeldige ervaringen die niet in overeenstemming zijn met de realiteit.

Op dezelfde manier dat een hunkering voor de sensaties opgewekt door drugs overweldigend kan zijn, zo kan ook een hunkering voor de sensatie van seksuele plezier. Veel mensen in het Westen lijken te denken dat het verlangen naar sex of verliefd worden een niet te stoppen overweldigende kracht van de natuur is. En vele lijken ook te denken dat, in tegenstelling tot drugs of alcohol, sex een natuurlijk verlangen of zelfs een noodzakelijkheid in het leven is. Natuurlijk is het waar dat geen menselijk wezen zou bestaan zonder sexuele vereniging van hun ouders, en ik zeg niet dat sex noodzakelijk slecht of ongezond is. Maar er zijn twee belangrijke punten, welke ik denk dat we zouden moeten overwegen:

Onze motivatie voor sexuele activiteit is heel belangrijk. Denken we over seks met een zuivere intentie om onze oprechte liefde voor iemand te tonen of om kinderen te hebben om wijsheid over te dragen naar de volgende generatie? Of willen we seks hebben om een onrealistische verwachting of fantasy te bevredigen, vanwege een verlies van zelfbeheersing, of zelfs omdat we een goed imago willen hebben voor onze leeftijdsgenoten? Het is belangrijk te begrijpen dat de sexuele energie tussen een man en een vrouw een ongelooflijk potentieel heeft om te ontwikkelen tot iets veel dieper en krachtigers dan de meeste mensen zich bewust van zijn, zelfs tot een buitengewone innerlijke capaciteit. Echter, om dit te ontdekken, moeten vele voorwaarden aanwezig zijn in elke persoon; in het bijzonder moeten beide partners pure intenties hebben en de relatie kan nooit gedwongen worden: het moet zich altijd natuurlijk vormen.

Als je je dit niet in kunt denken, is het belangrijk om tenminste te weten dat sexuele relaties lang niet zo simpel zijn als we mogen denken. In feite, is het mogelijk om acht verschillende niveaus van complexiteit te identificeren, die geleidelijk dieper en betekenisvoller worden.

Het laagste is het dierlijke niveau; dat is wanneer we gewoon zoeken naar een fysieke sensatie of om een drang of begeerte te bevredigen, zoals we dat doen wanneer we eten en drinken.

Het tweede niveau is de transactie niveau, waarop we een beetje meer begrip hebben van wat we aan het doen zijn, maar de motivatie is gebaseerd op hebzucht. Dus er is heel weinig kans om enige echte connectie te ontwikkelen. Terloopse relaties gebeuren vaak op dit niveau.

Het derde niveau is dat van gewone menselijke sexualiteit. Dit is waar seksuele vereniging plaatsvindt tussen twee mensen die verliefd zijn geworden, dus er is een grotere gevoel van connectie, meer genot en een betere relatie. Echter, dit type aantrekkingskracht is gewoonlijk gebaseerd op blinde hechting en is onwaarschijnlijk om iets meer dan lichamelijke en emotionele behoeften op korte termijn te bevredigen.

Het vierde niveau is het gevormde niveau, waarop de behoeften van beide partners beter tegemoet gekomen worden, omdat ze grotere kennis bezitten. Zij hebben een groter vermogen om met problemen om te gaan en hun relatie te verbeteren, hoewel de diepte van hun relatie beperkt is, omdat deze kennis zich voornamelijk bevindt op een intellectueel niveau. De liefde tussen de twee partners is nog steeds een beetje gefabriceerd, lang niet zo natuurlijk of spontaan als het zou kunnen zijn.

Vervolgens hebben we het vijfde niveau—het niveau van goede voorwaarden—waar het fysieke welzijn en de emotionele volwassenheid van beide partners meer zijn ontwikkeld en er is een natuurlijke uitstroom van vrijgevigheid en waardering. Dit geeft ware liefde meer kans om te bloeien en het niveau van sexuele bevrediging is ook veel hoger.

Op het zesde niveau komt het spirituele naar voren. In dit stadium, zijn al de goede innerlijke kwaliteiten die we hebben genoemd in dit boek hoog ontwikkeld bij beide partners, in het bijzonder vrijgevigheid, dankbaarheid en pure perceptie. Onze ervaring van gelukzaligheid is meer diepgaand, niet alleen op het niveau van gevoel maar ook op een niveau dat het conventionele gedachten overstijgt en deze gelukzaligheid bevat een vorm van aangeboren, natuurlijke wijsheid.

Het zevende niveau is het spirituele meesterschap niveau. Alle voorgaande kwaliteiten zijn ontwikkeld, net als de kracht om de stroom van energie onder controle te houden in wat we het 'subtiele lichaam' noemen, opgebouwd uit kanalen, innerlijke wind en subtiele essenties. Het subtiele lichaam is niet iets dat objectief bestaat; echter beschrijft het de gelukzalige volle stromingen van energie die ervaren worden terwijl omarmd in seksuele vereniging. De vereniging van wijsheid en gelukzalig bewustzijn wordt groter en groter, met of zonder een partner, totdat het totaal onafhankelijk wordt van externe omstandigheden.

Uiteindelijk is het achtste niveau totaal voorbij aan concepten zoals ruimte en tijd, en kan worden gezien als de onafscheidelijke vereniging van wijsheid en onveranderlijk gelukzalig bewustzijn of verlichting zelf.

Zelfs als dit nergens op slaat voor ons; het brengt ons naar een groot voordeel om gewoon uit wat nieuwsgierigheid en een aspiratie om meer over deze hogere niveaus uit te willen vinden. Eigenlijk is het cruciale punt om te proberen een houding van authentieke vrijgevigheid en waardering te ontwikkelen. Een beter of zuiverdere perceptie van onze partner is veel belangrijker dan kijken naar perfectie in hem/haar, aangezien hoe we hem/haar zien hangt grotendeels af van de manier dat we denken—zoals Shakespeare zei, 'Niets is goed of slecht maar denken maakt het zo'. Het is belangrijk om ten minste te streven te denken aan seks als iets zeldzaams en kostbaars; als we denken dat het gewoon een basisbehoefte is die je routinematig vereist, zoals voedsel of drinken, zullen we nooit voorbij de lagere stadia gaan en zullen we in een groot nadeel zijn.

Het tweede punt dat ik zou willen maken is dat seks niet voor iedereen een noodzaak in het leven is. Een rijk, vervullend leven met vele prestaties kan worden behaald zonder seks—in feite, dat kan soms veel makkelijker behaald worden zonder seks. Wat ik hier bedoel is dat veel moeilijkheden naar de oppervlakte kunnen komen als resultaat van seksualiteit, inclusief situaties welke leiden tot jaloezie, woede, spijt of obsessies met een of meerdere mensen. Deze halen ons allemaal weg van focussen op wat werkelijk belangrijk is in onze levens. Dit betekent niet dat we anderen niet lief moeten hebben of intieme relaties uit de weg gaan; echter, we zouden ons moeten realiseren dat vervullende relaties kunnen worden gebouwd zonder seks en deze bevatten vaak veel minder egocentrische zorgen dan relaties waar seks het primaire belang is.

HOE BETERE RELATIES TE HEBBEN

Voordat je iemand bekritiseert, zou je een mijl in hun schoenen moeten lopen.
Traditioneel gezegde

Tieners denken vaak dat het concept van een 'relatie' primair verwijst naar een romantische relatie. Echter, de belangrijkste relaties die we als tieners hebben, zijn die met onze familie en vrienden. Relaties zijn van het uiterste belang gedurende ons leven. Als zij goed gaan, voelen we ons beter met onszelf, omringd door degenen die houden van en zorgen voor ons. Als ze slecht gaan, kunnen ze ons verschrikkelijk doen voelen. Veel mensen geloven dat de manier waarop we met anderen omgaan of in conflict raken, is totaal buiten onze controle, alsof het een soort instinct is. De waarheid is dat we allemaal een grote hoeveelheid controle hebben over de kwaliteit van onze relaties en als we dit onder de knie krijgen, kunnen we onze relaties verbeteren en conflict overwinnen.

Toen ik jong was, werd ik ontevreden over mijn huis en deed vaak grote moeite om van mijn vader toestemming te krijgen om bij de buurman te verblijven. Onafhankelijk van hoe fijn mijn huis was en hoe heerlijk het eten was, keek ik elders naar huizen die soms oncomfortabel waren, zelfs vies, met het eten flauw en basaal.

Als tieners beginnen veel van ons het leven met onze families, dof en saai te vinden, dus we zoeken vrijheid en onafhankelijkheid elders. Echter, omdat we het vermogen missen om onszelf financieel te ondersteunen en dus niet uit huis kunnen gaan, is het moeilijk voor ons om werkelijk onafhankelijk te zijn. Daarom komen we in verschillende vriendenkringen en willen we meer tijd met hen besteden dan met onze familie, om nieuwe ervaringen te zoeken en dit kan conflict thuis veroorzaken.

Er zijn natuurlijk vele, vele andere dingen die conflict veroorzaken tussen tieners en hun ouders en tussen tieners en alle anderen. We kunnen denken dat onze ouders saai en ouderwets zijn, of we zouden kunnen denken dat zij ons niet genoeg vertrouwen en ons dom doen lijken voor onze vrienden. Echter waar we ook ruzie over maken of met wie we ook ruzie maken, de methoden om conflicten met anderen op te lossen zijn altijd hetzelfde.

Elk menselijk wezen, hoe verschillend we ook denken dat we zijn, heeft dezelfde basisbehoeften en dezelfde basis wens om gelukkig te zijn. De sleutel om conflicten op te lossen met anderen is dat we moeten onthouden dat we zoals hen zijn, zodat we kunnen begrijpen waarom zij zich gedragen op de manier zoals ze dat doen. Probeer jezelf even in de positie van de ander te verplaatsen. Gebruik je empathie. Als je een conflict hebt met jouw moeder, probeer je voor te stellen dat je in haar situatie bent. Als je het werkelijk probeert, zal je een idee kunnen krijgen van hoe ze zich voelt en waarom ze zich gedraagt op de manier zoals ze dat doet. Denk aan hoe jij zou willen worden behandeld als je in haar situatie was, zelfs als je denkt dat ze het fout heeft en behandel haar op deze manier. Stel je voor dat je zelf kinderen hebt en hoe jij zou willen worden behandeld door hen en behandel je ouders dan op dezelfde manier.

Onthoud dat we ons niet bezighouden met wat goed of fout is, maar meer met de meest kundige manier om met een bepaalde situatie om te gaan. We kunnen deze zelfde techniek beoefenen met elke relatie in ons leven, bijvoorbeeld, met onze leraren, onze broers en zussen of met onze vrienden. Het inzicht dat we kunnen verdienen in waarom anderen zich gedragen zoals zij doen, is werkelijk ongelooflijk als we onszelf in hun positie plaatsen.

DANKBAARHEID

Dankbaarheid voelen voor anderen verbetert onze relaties met hen; en zoals ik eerder heb gezegd, is dankbaarheid een van de belangrijkste mentale kwaliteiten die tot geluk leiden. Hier is een manier dat je dankbaarheid jegens je ouders kunt genereren. Denk over wat je ouders hebben gedaan voor jou in de loop der jaren: ze hebben voor jouw fysieke behoeften gezorgd en jou de manieren van de wereld geleerd. Zelfs als je soms een moeilijke relatie met hen hebt gehad, is er niemand anders die meer voor jou heeft gedaan. Als je echt hierover nadenkt, kan je niet anders dan een gevoel van dankbaarheid voelen! Dit gevoel van dankbaarheid kan ons helpen ons gelukkig te voelen zowel direct als indirect. Het brengt een onmiddellijk gevoel van warmte en nabijheid en op de lange termijn zal het zeker verbeteren als we hen behandelen met grotere vriendelijkheid.

Als we het moeilijk vinden om dankbaar te zijn tegen onze ouders, onthoud dat zij onder de controle van negatieve emoties kunnen zijn, zoals we allemaal wel eens kunnen zijn. In plaats van een kritische of vijandige houding aan te nemen of moedeloos te worden, kunnen we dit als een mogelijkheid gebruiken om onze empathie te vergroten en grote emotionele sterkte te ontwikkelen. Als we boos op hen reageren of wrok koesteren, missen we een kostbare mogelijkheid om te laten zien dat we werkelijk veel om hen geven.

Ik ben vaak verrast als ik met jonge mensen in het westen praat over dankbaarheid voelen tegenover hun ouders. Over het algemeen proberen ouders hun kinderen te voorzien van elk mogelijk voordeel, echter het is nog steeds gebruikelijk voor jonge kinderen om over hen te klagen en misschien zelfs zich niet geliefd te voelen. Dit is nogal anders in het milieu waar ik opgroeide. Van buitenaf bekeken, lijken Tibetaanse ouders veel strikter dan westerse ouders en ze gebruiken vaak fysieke straf als hun kinderen ongehoorzaam zijn. Echter, in de Tibetaanse cultuur, welke grotelijks beïnvloed is door Boeddhisme, zijn respect en dankbaarheid tegenover je ouders grotelijks benadrukt en is het heel zeldzaam om je ouders de schuld te geven voor de moeilijkheden in het leven. Hoewel het analyseren van onze gezinssituatie ons voorziet met bepaalde inzichten, is het nooit nuttig als het leidt tot schuld en rancune.

HET BELANG VAN COMPASSIE

Misschien denk je, 'Goed, Ik heb een conflict met mijn zus of moeder, maar het is niet mijn schuld: het is haar schuld!' Misschien heb je hard geprobeerd te begrijpen waarom ze zich gedraagt op deze manier en kom je nog steeds tot de conclusie dat het compleet haar schuld is. Ik denk trouwens niet dat dit vaak het geval is, omdat meestal als we werkelijk hebben geprobeerd het standpunt van een ander te waarderen, ontdekken, we dat we ook zelf gedeeltelijk de schuld hebben. Echter, als we oprecht hebben geprobeerd om een het standpunt van de ander te overwegen en eerlijk voelen dat we alles hebben gedaan dat mogelijk is om het conflict op te lossen, maar nog steeds baat het niet. Dan denken we misschien dat we het recht hebben om ons boos en gekwetst door deze persoon te voelen.

Ik vraag je, door woede en weerzin te voelen, wie doe je pijn? Laat me het uitleggen. Laten we zeggen dat we een ruzie hebben gehad met een vriend, omdat hij gek is geworden op een andere persoon. We voelen ons jaloers en gekwetst dat hij al zijn aandacht en tijd bij deze nieuwe vriend lijkt te leggen, terwijl hij mij negeert. Misschien neemt hij mijn gevoelens niet in overweging, puur gefocust op zichzelf en dit zorgt dat ik lijd. Ik zou kunnen reageren met doorzeuren op de slechte kwaliteiten van mijn vriend en denken aan hoe onfortuinlijk ik ben, boosheid en jaloezie aan mij laten knagen, echter dit zal alleen mij laten lijden. Het is dan waarschijnlijk dat we meer en meer bij de situatie stilstaan terwijl de kleine vlam van woede en jaloezie in een razend wildvuur verandert dat onze gemoedsrust totaal vernietigd. Als alternatief zouden we kunnen denken, 'Goed, deze vriend laat me lijden vanwege zijn eigen kortzichtige manier van denken, die eigenlijk hem schade zal veroorzaken op de lange termijn. In plaats van boos te zijn, zal ik vergeving en compassie beoefenen.'

Je kan dit doen door je uiterste best te doen om liefdevolle en vriendelijke gedachten tegenover deze vriend op te roepen, door te denken aan alle dingen die je leuk vindt aan hem of haar. Als je vriendelijkheid en compassie voelt tegenover deze vriend, zal je geluk beginnen te voelen, groeiend van binnen. Ik garandeer het!

EEN KLEIN BEETJE OVER VRIJHEID

Zoals ik eerder zei, willen tieners vaak autonomie of 'vrijheid'. Echter, in de moderne wereld, verwarren veel mensen valse vrijheid met ware of innerlijke vrijheid. Een valse vrijheid is het idee dat we de vrijheid hebben om te doen wat we maar willen en dat we niet afhankelijk zijn van andere mensen. Maar ik feite creëert dit type vrijheid afstand tussen onszelf en anderen. Valse vrijheid kan ook vele problemen brengen, zoals onenigheid en disharmonie tussen familie en vrienden. Als we aan de andere kan vrijgevig zijn en delen, creëren we harmonie en nabijheid en worden we als resultaat veel blijer.

Ware vrijheid komt echter van totale onafhankelijkheid. Dit betekent niet iedereen om ons heen afwijzen en afstand plaatsen tussen onszelf en anderen. Eerder, betekent het onze eigen geest onder controle hebben en daarom vrij zijn van impulsief of automatisch reageren op externe gebeurtenissen. Het is belangrijk te benadrukken dat ik refereer aan zowel goede als slechte externe gebeurtenissen, omdat ware vrijheid betekent onze geest en onze emoties de hele tijd onder controle te hebben, wat er ook gebeurt. Het is een moeilijk concept om te grijpen, voor jonge mensen in het bijzonder, maar onthoud gewoon dat als we gemakkelijk weggevaagd worden door externe gebeurtenissen en de emoties die ze genereren, dan zijn we een gevangene van deze gebeurtenissen en onze vrijheid zal altijd beperkt zijn.

Reflecties: beslissingen nemen.

Denk aan een van de grote beslissingen die je recent gemaakt hebt. Hoe heb je die gemaakt? Heb je andere mensen om advies gevraagd die overvloedige levenservaring hebben? Heb je uitgebreid al de consequenties van de beslissing overwogen?

Waren je verwachtingen realistisch of onrealistisch? Heb je het ergste scenario overwogen? Had je enige reserve plannen? Was je helemaal eerlijk tegen jezelf, of nam je de beslissing omdat je iemand wilde imponeren? Heb je al de mogelijke opties overwogen?

Denk nu na over een beslissing die je op het punt staat te maken. Opnieuw, stel jezelf al deze vragen, wees er zeker van dat je al je opties voorzichtig overweegt. Ga nu rechtop zitten met je rug recht, ontspan je lichaam, neem een aantal diepe zuchten en maak je geest helder.

Als je eerlijk bent voor jezelf, wat is de beste beslissing?

Een tweede kans om wijsheid te ontwikkelen

Als we een gelukkig en betekenisvol leven zoeken, is het cruciaal om de oorzaken en voorwaarden van geluk te onthouden die we in het vorige hoofdstuk uiteengezet hebben. Wees je ook bewust dat geluk en ongelukkig niet willekeurige staten zijn en niet afhangen van toeval. Externe gebeurtenissen zouden bij kunnen dragen aan onze geluk maar fundamenteel hangt het af van onze innerlijke zelf. Geluk kan alleen behaald worden wanneer we de juiste mentale houding bezitten en het komt voort uit het ontwikkelen van gezonde mentale kwaliteiten.

Het is belangrijk op te merken dat een heel kleine deel van de mensen een natuurlijke, juiste mentale houding hebben. Deze mensen zijn veel blijer en veel veerkrachtiger dan anderen in het licht van moeilijkheden; zij neigen veel minder negatieve emoties zoals depressie te ervaren. De meeste van ons, echter, hebben niet van nature deze positieve houding en dus moeten we bewust onszelf ertoe zetten die te ontwikkelen door kwaliteiten zoals dankbaarheid en compassie te cultiveren. Na constante en toegewijde moeite, kunnen we geleidelijk een geest ontwikkelen die rustig en tevreden is, zelfs wanneer onze externe situatie in onrust is.

Als je als jong volwassene jouw onafhankelijkheid vindt, wordt je geconfronteerd met vele belangrijke beslissingen in het leven, liefde en relaties. Dit hoofdstuk zal wat belangrijk terrein omvatten: van jouw verantwoordelijkheden inkaderen tot het helpen kiezen van de juiste partner en de verschillende types van liefde te waarderen en begrijpen en de belangrijkste punten van je eigen kracht van karakter te ontwikkelen.

JOUW VERANTWOORDELIJKHEDEN EN BESLISSINGEN

Op dit punt in ons leven zijn we volledig verantwoordelijk voor ons toekomstig welzijn. We hebben groot potentieel om onze doelen te bereiken als we een sterke drang en vastberadenheid hebben. Soms kunnen we ons beduusd voelen door de pure hoeveelheid keuze als het komt tot onze inspanningen en activiteiten te kanaliseren. Dus ik zou wat richtlijnen en cruciale externe omstandigheden willen voorstellen, waar we naar zouden moeten streven als we proberen een vredig en een gelukkig leven te leven. Deze zijn Boeddhistische ideeën, maar zij kunnen toegepast worden op ieders omstandigheden. Het kan helpen deze richtlijnen toe te passen wanneer we beslissen over het soort levensstijl en carrière dat je wenst volgen, zowel als bij de doelen die je wenst te stellen voor jouw leven.

VIER BASIS VERANTWOORDELIJKHEDEN ALS JONG VOLWASSENE

1. Voldoende Inkomen

Zolang we niet een totaal leven van verzaking leven, afgekeerd van alle wereldlijke doelen, moeten we een zekere mate van rijkdom hebben om voor onszelf te zorgen. Als we wat geld kunnen sparen en rijkdom en eigendom bijeenbrengen op een gezonde manier, kunnen we van toekomstige veiligheid genieten. Het is echter belangrijk dat we dit doen zonder betrokken te raken in enige illegale handel of schadelijke beroepen. Een schadelijk beroep zou een slachthuis of commerciële vishandel kunnen inhouden, werken in een lab waar we verantwoordelijk zijn voor het doden van vele dieren of een generaal zijn in een leger in oorlog. Als we geen keuze hebben dan betrokken te zijn in dit type werk, of als onze motivatie werkelijk puur is, zullen de consequenties niet zo groot zijn. Anderszins, zich bezighouden met dit type werk is zeer waarschijnlijk nadelig voor onze geluk op de lange termijn, ook al zouden we dit aanvankelijk niet merken. Illegale handel zoals handelen in drugs, wapens of gestolen goederen, verstoren ook onze mentale vrede en zijn een obstakel voor toekomstige geluk.

2. Verstandig omgaan met Financiën

Het is belangrijk dat we ons geld op nuttige manier besteden; voor onze familieleden zorgen en goede daden verrichten. Zij die ellendig zijn, zijn gehecht aan geld en hebben grote moeite het te besteden. Als zij iets kopen, zijn zij geobsedeerd over het geld dat het hen kost en zij hebben nooit een echte kans om van hun aankoop te genieten. De meeste van ons kunnen toegeven geld uit te geven aan onnodige dingen, gewoon om je goed te voelen of om aan vluchtige verlangens te voldoen. Echter als we stoppen en voorzichtiger nadenken, is deze gewoonte werkelijk gebaseerd op gierigheid of impulsiviteit en kan het onbedoeld, ons beroven van toekomstige geluk.

In plaats daarvan moeten we prioriteit geven aan hoe we ons geld uitgeven en authentieke waardering tonen voor wat we dan ook gekocht hebben. We moeten ook oplettend zijn om te vermijden schadelijke instellingen en milieuverontreiniging te ondersteunen. Bovendien moeten we voorzichtig overwegen hoe we het beste enig spaargeld investeren dat we bijeengebracht hebben en het is zeker een goed idee om deze kwestie te bespreken met mensen die vaardig zijn met het behandelen van financiën. Geld heeft vaak een negatieve connotatie, maar er is niets mis met geld zelf; het kan inderdaad heel gunstig zijn. Het enige probleem is hoe we het zien of gebruiken.

3. Vrijheid van Schuld

Als we in het krijt staan bij anderen, financiël of anders, zouden we niet veel vrede in onze geest kunnen hebben totdat de schuld afgelost is. Vaak komen mensen in de schulden om tijdelijk geluk te verkrijgen, maar dan raakt de schuld buiten proportie vergeleken met de hoeveelheid inkomen die zij verdienen. Dit creëert veel moeilijkheden op de lange termijn en de rente die we terug moeten betalen op onze kredietkaart dwingt ons om nog harder te werken. Soms als we deze schuld visueel konden zien zou het eruit zien als een berg! Ook als we een vrijgevig en aardig persoon zijn en in de schulden gaan door geld uit te geven aan anderen, is dit een onverstandige manier van geven, aangezien de rente die we betalen een veel gunstiger doel kan dienen.

4. Een leven zonder anderen te schaden

Als we iemand onrecht aangedaan hebben of schade hebben berokkend, zijn we niet in staat om enige soort van voldoening te genieten wanneer we aan onze eigen daden denken. De consequenties van anderen schaden komen vroeg of laat altijd bij ons terug, of dit nu fysiek of mentaal is. De consequenties manifesteren zich op duidelijke of meer subtiele manieren. Zelfs als we op ons sterfbed liggen, kunnen we de consequenties van onze acties niet ontvluchten. Daarom is gemoedsrust gemakkelijker te verkrijgen als we een leven hebben geleden zonder anderen te schaden.

EEN SPIRITUEEL OF EEN SECULIER LEVEN?

Zoals ik heb gezegd, zijn er talloze mogelijkheden en paden die we kunnen kiezen om te volgen in onze levens. Echter, er zijn twee hoofdpaden waartussen we moeten kiezen: dat van het spirituele leven of het seculiere leven. Als we het wereldlijke leven kiezen, dan moeten we beslissen te leven met een partner of alleen te leven.

Ik zal niet in groot detail gaan over het spirituele leven op dit punt, aangezien het een beetje bizar of onrealistisch zou kunnen lijken voor de meeste jonge mensen in de moderne wereld van vandaag. Maar in essentie is een spiritueel leven een leven toegewijd aan het vinden van innerlijke vrede en complete vrijheid van al onze ongecontroleerde gedachten en emoties. Het is ook een leven waarin we afzien van alle wereldlijke gehechtheden die we als vanzelfsprekend zien :om ons te concentreren op spirituele beoefening onder de begeleiding van een gekwalificeerde leraar. Als dit een pad is dat we wel willen nastreven, dan moet het uiterst overdacht en zorgvuldig ondernomen worden. Wees gewaarschuwd, we moeten niet ons hele leven aan het winkelen besteden, stukjes en beetjes nemen van verschillende religies en oefeningen. In plaats daarvan is het belangrijk dat we een bewezen spirituele traditie vinden, een authentieke spirituele gids die gekwalificeerd is om ons les te geven en een ondersteunende gemeenschap.

Gelukkig bieden de grote wijsheidstradities van de wereld een variëteit van paden geschikt voor mensen met verschillende inclinatie en capaciteiten: zij die meer intellectueel geneigd zijn, zij met een natuurlijke toewijding, of zij die het makkelijk vinden om te mediteren. In onze cultuur kan het mogelijk zijn voor sommige mensen om zich volledig bezig te houden met een spiritueel leven en tegelijkertijd een baan en een partner te hebben, door ervoor te kiezen om hun leven te versimpelen en dit proberen te integreren met spirituele beoefening. Voor anderen kan het geschikter zijn om zich terug te trekken en toe te treden tot een spirituele gemeenschap die meer verwijderd is van het drukke tempo van alledaags leven, of zelfs overwegen een klooster te betreden. Ik zal meer spreken over het spirituele leven in het volgende hoofdstuk, gebaseerd op mijn eigen ervaringen in Tibet.

Als dit type leven te onconventioneel lijkt, zijn er ruimschoots mogelijkheden om geluk na te streven in een seculier leven. Terwijl dit niet uitsluit dat we geen spirituele dimensie kunnen hebben, kunnen we dit bij lange niet zo diep nastreven als iemand die het de belangrijkste focus maakt van hun leven.

Als we het seculiere leven kiezen, zoals het grote merendeel van de mensen doen, zal de grootste beslissing die we maken zijn of we het leven met een partner zoeken of als alleenstaande. Voordat we deze beslissing maken, moeten we voorzichtig de voor- en nadelen van elke optie opwegen. Eerst moeten we eerlijk reflecteren over onze eigen ervaringen en ons persoonlijkheidstype. Het kan nuttig zijn om te praten met zo veel mogelijk mensen, bij voorkeur met mensen met een bepaalde mate van wijsheid en de voor- en nadelen bespreken van de beslissingen die zij hebben gemaakt. We kunnen dan deze overwegingen tegen elkaar afwegen en een gefundeerde keuze maken.

Dingen om over te denken wanneer we een single leven overwegen: zijn we hoogst onafhankelijk of een ambitieus persoon die vele doelen wenst te behalen. Of misschien wensen we een simpel en vredig leven te leiden, of een leven dat constant open staat voor nieuwe mogelijkheden. Als dit het geval is, zijn we misschien meer geschikt voor een single leven. Want met minder compromis hebben we meer ruimte in ons leven. Zonder de verantwoordelijkheid of behoefte om grote hoeveelheden tijd te wijden aan familiezaken, zullen we ook meer mogelijkheden en vrijheid hebben om onze eigen interesses na te jagen.

Als we van nature een bedachtzaam en zorgzaam mens zijn en wensen ons leven te delen met en toewijden aan een ander persoon en dan misschien een gezin stichten, zouden we beter geschikt zijn voor een leven met een partner. Wanneer we dit pad hebben gekozen, zullen we dan meer mogelijkheden hebben om deze kwaliteiten te ontwikkelen en een vervullend familieleven te leiden. Het is de meerderheid van de mensen die wensen om dichtbij en intiem met iemand anders te zijn. Daarom zullen zijn aangetrokken zijn om een andere persoon te vinden die zijn compleet kunnen vertrouwen en accepteren en een bron van liefde en veiligheid, zelfs wanneer externe omstandigheden niet zo geweldig zijn.

WAT TE ZOEKEN IN EEN PARTNER

Als we kiezen ons leven door te brengen met een partner, is het cruciaal te weten wat de belangrijkste kwaliteiten zijn die we in hem of haar moeten zoeken. We moeten oppassen niet de vluchtige emoties of blinde aantrekkingskracht te volgen, want deze gevoelens zijn tijdelijk en er is geen garantie dat zij zullen voortduren. Wanneer de 'wittebroodsweken' voorbij zijn, kan het zijn dat er niets substantieels meer is om de relatie bij elkaar te houden. Aan de andere kant, als we onze partner kiezen omdat hij of zij de juiste innerlijke kwaliteiten heeft, dan leggen we het fundament voor een sterker, meer langdurig soort liefde en een gelukkig leven samen.

Dit betekent niet dat 'chemie' of 'levendigheid' niet belangrijk zijn. In feite, een bepaald type energie kan gevoeld worden tussen een man en een vrouw met tegengestelde seksuele polariteiten en we kunnen leren deze kennis in ons voordeel te gebruiken. Over het algemeen zal een man met een sterke mannelijke kwaliteit, met een sterk gevoel van doel en richting, aangetrokken zijn tot een vrouw met een sterke vrouwelijke kwaliteit, die gedreven is door haar verlangen om liefde en energie te delen met anderen. Deze natuurlijke polariteit begrijpen kan energie en passie brengen naar een intieme relatie. Het kan een koppel ook helpen goed samen te werken als een team en veel conflicten op te lossen die ontstaan.

Sommige mensen ervaren een onmiddellijke en langdurige aantrekking tot elkaar dat boven rationele gedachten gaat tot een dieper peil van gevoel en intuïtie, zoals we in het westen horen over 'zielsverwanten'. Deze onmiddellijke soort intuïtie en gevoel van connectie is echter zelden een solide basis op zichzelf om een partner te kiezen en het is belangrijk om dit te combineren met verstand. Het is daarom essentieel om nauwkeurig te reflecteren over de innerlijke kwaliteiten die we waarderen in een relatie, om zo een partner te vinden die het meest geschikt is voor ons.

Hier is een lijst van zestien kwaliteiten om nauwkeurig te overwegen wanneer we een partner zoeken, beginnend met het meest essentiële:

INNERLIJKE KWALITEITEN

Een goed hart

De belangrijkste kwaliteit om naar te zoeken is een goed hart. We moeten onszelf afvragen of hij of zij een natuurlijk liefdevol en compassioneel persoon is. Als je partner geen goed hart heeft, onafhankelijk van enige andere kwaliteiten die zij bezitten, zal het onwaarschijnlijk zijn om gelukkig te zijn met deze persoon. Onthoud dat er van alles zou kunnen gebeuren tussen jou en jouw partner, omdat omstandigheden op elk moment kunnen veranderen. Een relatie in welke beide partners een goed hart hebben, zal deze veranderingen het hoofd kunnen bieden op de best mogelijke manier.

Trouw

De volgende belangrijke kwaliteit is trouw. Als jij en je partner niet trouw zijn aan elkaar, komen vele types problemen waarschijnlijk naar de oppervlakte. Als je elkaar niet compleet kan vertrouwen, kan je elkaar ook niet compleet liefhebben.

Empathie

Dit is een authentiek gevoel van begrip en sensitiviteit; om jezelf in de andere persoon zijn schoenen te verplaatsen. Als deze empathie ontbreekt, zullen allerlei conflicten naar boven komen en zal het moeilijk zijn ze op te lossen.

Goede communicatie

Dit is belangrijk omdat zelfs als je partner niet natuurlijk sensitief of begripvol is. Een goede vaardigheid om te communiceren kan misverstanden voorkomen en conflicten zijn gemakkelijker op te lossen. Een goede greep op verbale en non-verbale communicatie zal jou en jouw partner helpen meer effectief te bewegen van 'patstelling' naar dialoog. Goede communicatie is ook essentieel om goed samen te werken in een team.

Eerlijkheid

Zonder eerlijkheid zullen we het extreem moeilijk vinden vertrouwen te plaatsen in de andere persoon. Het is onmogelijk om de waarheid te verstoppen voor onze partner, of erger nog, het helemaal te verdraaien. Als ze het uitvinden, riskeren we hun vertrouwen te verliezen, onafhankelijk van hoe eerlijk we gewoonlijk zijn.

Gelijke geloven en interesses

Het is vrij belangrijk om gelijksoortig geloof en interesses te hebben. Als jouw religieuze of politieke denkbeelden vergelijkbaar zijn en jouw ideeën over het het leven vergelijkbaar zijn, zal samenleven gemakkelijker zijn en je kan elkaar meer intiem kennen. Gelijksoortige sympathieën en antipathieën hebben, maakt het makkelijker om tijd samen door te brengen en dingen doen waar je van geniet in plaats van verveeld of geïrriteerd te raken met elkaar.

Gelijksoortige ambities

Dit is cruciaal als je samen iets wilt behalen, zoals een huis bezitten of een familie starten. Zonder doelen die ten minste vergelijkbaar zijn is het gemakkelijk om halverwege op te geven en te falen de doelen te verwezenlijken die we van plan waren te behalen.

Intelligentie

Deze kwaliteit is belangrijk als we effectief moeten navigeren door moeilijke periodes en belangrijke beslissingen maken. Met de hulp van een intelligente partner is het waarschijnlijker om wijze beslissingen te nemen.

Praktisch zijn

Een praktisch persoon is heel nuttig om om je heen te hebben als het gaat om alledaagse behoeften zoals financiën en andere familie of huishoudelijke zaken. Soms zijn we huiverig om de realiteit van het leven het hoofd te bieden, of we kunnen overdonderd raken door een situatie en we kunnen verkiezen te fantaseren over iets anders. Een praktisch persoon kan helpen ons met beide voeten op de grond te brengen om de noodzakelijke klussen te klaren.

ANDERE BELANGRIJKE DINGEN OM TE OVERWEGEN WANNEER JE EEN PARTNER ZOEKT

Goede gezondheid

Als we een partner kiezen gebaseerd op fysieke aantrekkingskracht of vluchtige emoties en niet de kwaliteit van hun gezondheid overwegen, zouden we teleurgesteld kunnen raken als onze partner altijd onwel is en we het belastend vinden om naar hen om te kijken. Echter, vanuit een ander perspectief, zou dit een uitstekende mogelijkheid presenteren om tolerantie en compassie te ontwikkelen.

Een goede educatie en carrière

Een getrainde geest die georiënteerd is op prestatie kan behulpzaam zijn bij het oplossen van problemen die ontstaan in het leven. Echter, over het algemeen hechten we te veel waarde aan educatie en carrière omdat we die zien als symbolen van hoge status of goede positie in de maatschappij. We moeten zeker zijn niet een partner van hoge status te kiezen om 'op te scheppen' aangezien dit ons op de lange termijn ongelukkig zal maken.

Gelijksoortige culturele achtergrond

Als twee mensen een gelijksoortige culturele achtergrond hebben, zullen hun gewoonten gelijksoortig zijn,. Dus zij kunnen het gemakkelijker vinden om met elkaar om te gaan. Een gelijksoortige culturele achtergrond is echter niet noodzakelijk aangezien gewoonten veranderlijk zijn. Het is belangrijker dat jullie beide willen leren en aanpassen aan elkaar in plaats van koppig verstrikt blijven in je eigen manieren.

Familie

Vaak denken we dat trouwen of een familie hebben ons gelukkig zal maken. Als we een familie hebben die warm en zorgzaam is en als liefde onvoorwaardelijk gedeeld wordt, zullen we een groot voordeel hebben in het leven. Echter, als we falen om nabijheid en zorgzaamheid te ontwikkelen in de familie eenheid, of falen om onze kinderen zelfdiscipline te leren, kan familieleven juist doorzeefd zijn met conflict.

Schoonheid of aantrekkelijkheid

Het is een stuk verder onderaan de lijst dan de meeste mensen zich zouden kunnen indenken wanneer zij overwegen wat belangrijk is in een partner. Op dezelfde manier dat we trots kunnen zijn een partner te hebben met een goede carrière, zouden we kunnen denken dat een mooie partner hebben, ons een goed gevoel zal geven of dat we indruk zullen maken op anderen. Helaas kan het verkiezen om met iemand te zijn alleen omdat zij eruit zien als een supermodel leiden tot jaloezie, onzekerheid en uiteindelijk ongelukkigheid wanneer de initiële aantrekkingskracht weggevaagd is. Vergeet ook niet dat schoonheid in het oog van de toeschouwer is. Als we authentieke liefde voor onze partner ontwikkelen, zullen we haar zien als prachtig, onafhankelijk hoe ze eruit zien.

Rijkdom

Een partner kiezen die financieel beter af is kan ons helpen een comfortabel leven te bereiken, vele vrienden te maken en de stress van financiële lasten te verlichten. Uiteindelijk brengt dit echter geen geluk en vrede. Rijkdom kan zelf meer problemen creëren en onze vrijheid wegnemen, vooral als we het niet op de juiste manier gebruiken of het voor lief nemen. De hoeveelheid rijkdom is daarom lang niet zo belangrijk als onze vaardigheid om de rijkdom die we hebben op een wijze of compassionele manier te gebruiken.

Leeftijd

Sommige mensen denken dat leeftijd een belangrijke factor is om te overwegen, ook al is het lang niet zo belangrijk als vele zouden beweren. Als je authentieke vertrouwen en liefde ontwikkelt en een vergelijkbaar niveau van wijsheid, is er geen probleem met een groot leeftijdsverschil. Een grote kloof (waar de nieuwe echtgenote bijvoorbeeld jonger is dan de dochter van een vorige relatie) betekent echter vaak dat er verschillende verwachtingen en gezichtsvelden op het leven zijn. Dit kan tot conflicten leiden, dus het is soms beter zo'n grote leeftijdsverschil te vermijden.

Wanneer we een partner zoeken, moeten al deze kwaliteiten voorzichtig afgewogen worden. We moeten een partner kiezen die meer van deze goede kwaliteiten bezitten welke eerder op de lijst verschijnen (zij die belangrijker zijn), en met wie we ons comfortabel voelen samen te werken als een 'team'. De meest cruciale factor over het algemeen is onze intentie om pure liefde te geven en te zorgen voor de andere persoon. Als we alleen kijken naar de kwaliteiten van de andere om onze eigen behoeften te vervullen of om een goed imago voor onzelf te creëren, zullen onze verwachtingen niet tegemoet gekomen worden en is het waarschijnlijk dat problemen naar voren komen. Het is ook essentieel om comfortabel 'jezelf te zijn' rond je partner, in plaats van proberen op te leven tot een bepaald imago. In andere woorden, wees bereid om eerlijk en open te zijn over alles. Ook al is het misschien even oefenen, het is mogelijk om een ruimte te creëren waar je allebei niets te verbergen hebt en ware intimiteit kan bloeien, natuurlijk en spontaan.

KORT VERHAAL: GELUK IN RELATIES

Een jonge man die vele jaren getrouwd is geweest kwam naar zijn groot-vader voor advies. Hij was ongelukkig in zijn huwelijk, zei hij, en wilde het beëindigen. De grootvader vertelde de jongeman dat hij twee maan-den moet wachten en gedurende deze tijd zijn vrouw zou moeten behan-delen als een absolute Prinses. Ook al was de jongeman hier niet gelukkig mee, hij ging ermee akkoord. Twee maanden later vroeg de grootvader de jongeman of het nog steeds zijn intentie was om te scheiden van zijn vrouw. 'Scheiden?' riep de jongeman, verbaasd kijkend. 'Waarom zou ik dat willen doen? Ik ben getrouwd met een absolute princes!'

Dit kleine verhaal toont ons dat hoe wij onze situatie waarnemen af-hangt, van hoe we onze mentale houding trainen. Als we onszelf trainen te denken dat onze partner een prins of prinses is, dan zou dit best onze realiteit kunnen worden. In wat voor situatie we onszelf ook bevinden, het is de beste voorwaarde voor een blije en gezonde relatie om onze partner te beschouwen als kostbaar en voor hen te zorgen op de best mogelijke manier.

Dit betekent niet dat we elke relatie perfect kunnen laten werken en-kel door hard genoeg te proberen. Ons doel zou echter moeten zijn een situatie te creëren waar positieve gedachten en gevoelens voor elkaar grotelijks de negatieve overstijgen (iets wat elk koppel heeft). Het is deze positiviteit waardoor een koppel elkaar en hun relatie beter leert begrijpen, eren en respecteren. Tot het punt dat we zouden kunnen zeggen dat dit koppel een graad van 'emotionele intelligentie' heeft.

Als we in een relatie zijn, is het belangrijk om flexibel te zijn en bereid om sommige van de persoonlijke gewoonten die onze partner niet leuk vindt te veranderen. We moeten ook leren de gewoonten van onze partners te accepteren, zelfs als zij irritant zijn en geduld en vergeving van onze kant vereisen. Vaak moeten we meer uit geduld en vergeving putten als we dieper in een relatie gaan; de initiële euphorie en 'glans' slijt gewoonlijk af tot een punt dat we beginnen onvermijdbaar fouten te vinden. In sommige gevallen hebben we niet alleen geduld en vergeving nodig maar ook grote vaardigheid in onze partners om hun zwakheden te helpen overwinnen.

In de Tibetaans Boeddhistische cultuur wijst een spirituele leraar altijd op de zwakheden van een student en overdrijft deze zelfs tot het punt van vernedering; maar dit wordt alleen gedaan met de studenten die het grootste potentieel hebben. Deze techniek veroorzaakt vaak een ramp in een persoonlijke relatie, en zelfs als we de beste intenties hebben, moeten we onthouden dat directe confrontatie zelden werkt, tenzij we heel vaardig zijn in onze techniek of onze relatie een heel sterk fundament heeft. Bovendien moeten we, voordat we onze partner proberen te helpen met zijn of haar zwakte, volledig onze eigen zwakte begrijpen en hoe moeilijk het is ze te overwinnen.

We moeten in gedachten houden dat het gemakkelijk is het gedrag van een ander toe te schrijven aan hun persoonlijke fouten terwijl het werkelijk vanwege iets anders is. We moeten dit proberen te vermijden wanneer het ook mogelijk is, aangezien we werkelijk gewoon gokken of ons verbeelden waarom de andere persoon zich gedraagt op een bepaalde manier. Het is in plaats daarvan cruciaal om goed te communiceren en de reden om zich te gedragen op de manier dat ze doen te verhelderen, jezelf in hun schoenen te plaatsen. Verwacht echter niet te horen wat je wilt horen. Wees voorbereid om alles te horen en wees geduldig, met de vastberadenheid om het probleem op te lossen onafhankelijk van de moeilijkheid of vereiste tijd. Als je partner irrationeel of onredelijk lijkt, onthoud dat die niet de realiteit van het hart is. Laat wijsheid en compassioneel bewustzijn jezelf leiden tot de beste werkwijze—vaker wel dan niet kan een compromis worden gevonden, echter als dit niet het geval is, zal je moeten accepteren wat niet veranderd kan worden.

Het is niet verrassend dat deze principes niet alleen voor de relatie met onze partner of echtgenoot gelden maar voor elke relatie; met familie, vrienden, zaken partners of buren. De ultieme bron van conflict is te veel focus op jezelf en een gebrek aan rekening houden met de ander. Dit is echter zelden opzettelijk. We zijn ons allen bewust dat het onwenselijk is om egoïstisch te zijn terwijl bedachtzaamheid en zorgzaamheid goed zijn, hebben we echter een diep ingebakken gewoonte om ons op onszelf te focussen, gedeeltelijk voortgekomen uit onze cultuur en opvoeding. De enige manier om deze gewoonte te overwinnen is om het licht van bewustzijn op onze acties te schijnen gedurende de dag, voortdurend reflecteren op hoe we denken, spreken en ons gedragen. Zijn we zorgzaam of bedachtzaam? Kunnen we onze acties op enige manier verbeteren? Kunnen we zeggen dat we ons gedragen op een manier die 'emotioneel intelligent' is? Geleidelijk kunnen we ontdekken dat een persoon die minder egocentrisch is, meer compassioneel en meer sympathiek is.

VERLIEFD WORDEN EN GEBROKEN HARTEN

Ik heb tot op grote lengte de belangrijke kwaliteiten besproken die we zouden moeten opwegen wanneer we een partner selecteren, in plaats van simpelweg iemand kiezen omdat we 'verliefd worden' op hem/haar. Ook al zou dit een vreemd concept kunnen lijken voor veel mensen in de moderne wereld, ik geloof dat veel pijn en emotioneel leed kan worden vermeden als we het onderwerp van liefde vanuit een meer volwassen en gegrond perspectief leren zien.

Het is zeker waar dat romantische liefde het meest opwindende en plezierigste gevoel is dat iemand kan ervaren. Iedereen kan delen in deze geweldige staat van gelukzaligheid, los van hun sociale status, geloofsovertuiging of cultuur, of zij nou rijk of arm zijn. Er is echter ook een duistere kant aan romantische liefde. We zouden kunnen denken dat het voor altijd zal blijven, maar dit is niet het geval. De gelukzaligheid van romantische liefde kan verslijten na een paar maanden of jaren en de twee mensen die ooit niet konden verdragen van elkaar gescheiden te zijn, zouden zichzelf plotseling jaloers, boos of depressief kunnen zien. Gevoelens van aantrekking zouden onbeantwoord kunnen zijn en dit kan ook leiden tot ontroostbaar hartzeer. Hoe, kunnen we ons afvragen, kunnen we leren deze situaties te voorkomen of ermee om te gaan?

Als het eerste gevoel dat samengaat met verliefd worden, voor altijd duurde en altijd eindigde in geluk, zou het compleet redelijk zijn om een levenspartner te kiezen op de basis van romantische liefde. Voor veel mensen duurt dit gevoel echter alleen voor een korte tijd en eindigt in ongelukkigheid, zelfs wanhoop. De persoon die zij liefhebben voelt vaak niet op dezelfde manier voor hen, maar toch voelen beiden zich machteloos tegenover het intense, oncontroleerbare verlangen dat zij hebben voor hun geliefde. Ik begrijp niet volledig waarom mensen denken dat verliefd worden buiten hun controle is. Ik geloof zeker dat verliefd worden een zeer krachtige emotie is, maar elke emotie, wat het dan ook is, wordt gecreëerd door onze geest. Daarom zouden we onze geest moeten kunnen trainen om met zulke emoties om te gaan op een meer constructieve manier.

Ik voel dat veel van onze overtuigingen over liefde cultureel bepaald zijn en ik vind het intrigerend dat er geen specifiek advies in westerse literatuur of psychologie is om mensen te leren hoe het verliefd te worden te beheersen. Westerse literatuur, liedjes en poëzie hebben een heel goed begrip van de gelukzalige, bekoorlijke gevoelens van romantische liefde, even als de wanhoop die komt van een gebroken hart. Maar er is vrij weinig advies van hoe te herstellen van een gebroken hart en hoe het te voorkomen in de eerste plaats. Literatuur en poëzie lijken de houding te versterken dat verliefd worden iets compleet voorbij onze controle is en dat het alleen de menselijke natuur is, slaaf te zijn van deze emoties. Misschien zou het gunstiger zijn om onszelf af te vragen hoe we deze gevoelens kunnen controleren, aangezien verliefd worden niet vaak eindigt in geluk en zelfs negatieve houdingen kan verstreken, bezittelijke houdingen. Erger nog, als we deze houdingen niet onder controle krijgen, kunnen ze ons gevangen houden.

Nu we de duistere kant van romantische liefde kennen, wat kunnen we eraan doen?

Allereerst, wanneer we een partner zoeken kan het heel behulpzaam zijn de innerlijke kwaliteiten in gedachten te houden, waar zij al dan niet over beschikken. Zelfs als zij fysiek niet aantrekkelijk zijn in het begin, als zij rijk zijn aan innerlijke kwaliteiten, zullen ze aantrekkelijker worden met de tijd als de liefde die je deelt toeneemt. Aan de andere kant, als fysieke aantrekkingskracht de enige basis van jouw liefde is, kan dit de innerlijke karakteristieken van je partner overschaduwen en hun 'schoonheid' zou vervagen als problemen naar de oppervlakte komen.

Ten tweede moeten we ons realiseren dat romantische liefde bijna altijd een element van gehechtheid bevat. Het is deze gehechtheid die ons oordeel later kan vertroebelen en tot hartzeer leiden en deze herkennen is essentieel wanneer we op zoek zijn naar een partner. Het is alsof we stroomafwaarts drijven in een rivier, ons vasthoudend aan wat riet aan de rand van de rivier en denken dat we naar de oever kunnen klimmen. Echter het riet breekt af aangezien het niet veilig geworteld is aan de rand van de rivier en we worden normaals meegevoerd met de stroom. Op eenzelfde manier kunnen we denken dat een relatie ons blijvend geluk zal brengen, echter als er geen fundament van onvoorwaardelijke liefde is, zal het zelden op deze manier uitwerken. Dit betekent niet dat elke relatie gebaseerd op romantische liefde, gedoemd is te falen. Als een relatie is gebouwd op oprecht respect en onvoorwaardelijke liefde, dan zal verliefd worden je goed kunnen leiden tot blijvende geluk.

Soms kan het zijn dat we ons plotseling realiseren dat we vrij weinig gemeen hebben met onze partner. In dit geval zou het het beste zijn om deze verschillen te erkennen en toestemmen om praktisch te zijn en verder te gaan, vooral als we hard gezocht hebben een compromis te bereiken en geen enkele kan worden bereikt. Ook al kan het tegennatuurlijk klinken, als we ware liefde en compassie voelen voor deze persoon, dan zullen we oprecht gelukkig zijn als zij gelukkig zijn, zelfs als zij niet met ons om willen gaan. We zullen dit beginnen te realiseren wanneer we echt leren onszelf in de schoenen van de ander te plaatsen en het welzijn van die persoon boven dat van onzelf te stellen.

Er is nog een laatste ding te zeggen over de zaak van verliefd worden. Er is een sprookje dat ik heb gehoord in het Westen, waar mensen verliefd worden en dan 'nog lang en gelukkig' leven. Laten we voor een moment doen alsof dit tenminste gedeeltelijk waar is en een paar verliefd wordt en dan leven zij gelukkig samen. Uiteindelijk zal een van hen sterven. Natuurlijk weten we dat dit de realiteit van het leven is en in deze realiteit van vergankelijkheid zijn we gedwongen het te accepteren en ermee om te gaan, als we werkelijk geluk willen vinden. Ik zal hier later meer over vertellen in dit boek, maar voor nu is het genoeg te realiseren dat verliefd worden, net als alles in ons leven, vergankelijk is en het kan ook best vergankelijker zijn dan andere gebeurtenissen in ons leven.

DE VELE VERSCHILLENDE GEZICHTEN VAN LIEFDE

Er zijn in feite vele verschillende vormen van liefde en romantische liefde is slechts een voorbeeld hiervan. Alle mensen hebben de capaciteit liefde te ervaren, onafhankelijk van hun taal, cultuur of geloof. Zelfs als onze ervaringen met liefde beperkt zijn, hebben we nog steeds een idee wat het woord 'liefde' betekent, echter dit woord roept bij elk van een verschillend beeld op wat liefde is of hoe het zou moeten zijn.

We kunnen spreken van vijf basis types van liefde, waarvan we de meeste zullen hebben ervaren op deze leeftijd, ouderlijke liefde, romantische liefde, vertederende liefde, bezittelijke liefde en compassionele liefde. Elk van deze heeft een lichtelijk verschillende nadruk of waarde, echter zij delen allemaal hetzelfde potentieel voor compassionele liefde. Compassionele liefde is de ultieme vorm van liefde, aangezien geluk alleen bereikt wordt door deze bepaalde kwaliteit te cultiveren. Het kan extreem nuttig zijn de waarde en tekortkomingen van deze verschillende vormen van liefde te analyseren, aangezien zo'n bewustzijn ons kan helpen te identificeren hoe de liefde die we voor anderen hebben kan worden getransformeerd in iets zelfs rijker en betekenisvollers.

1. **Ouderlijke Liefde:** dit is vaak bekend als 'moederlijke liefde' en beschrijft een de liefde van een moeder voor haar eigen kind. In de moderne wereld kunnen we ook spreken over 'vaderlijke liefde'. Dit type liefde is doordrenkt met geduld, tolerantie en koesteren. Het wordt vaak beschouwd als 'onvoorwaardelijk', echter in de realiteit zou dit niet altijd het geval kunnen zijn. Het is gewoonlijk sterk en stabiel, vaak een leven voortdurend, en hangt niet af van zo vele voorwaarden als andere vormen van liefde. Dit brengt vreugde en bedachtzaamheid, maar ook een gevoel van bezitterigheid op momenten, welke kan leiden tot veel pijn als onze kinderen worstelen voor onafhankelijkheid en we realiseren ons dat we vrij weinig controle hebben over hoe zij kiezen zich te gedragen. Als we over ouderlijke liefde denken in termen van percentages, kunnen we 50% compassie en zorgzaamheid, 20% bezitterigheid, en 30% gehechtheid.

2. **Romantische Liefde:** deze krachtige en emotionele vorm van lief-

de manifesteert zich als aantrekkingskracht, passie en adoratie. Zoals boven besproken, brengt het aanvankelijk grote vreugde, trots en innerlijke kracht. Soms manifesteert zij zich als compassionele liefde maar gewoonlijk is het doordrenkt met een egocentrische en bezitterige houding. We zouden bijvoorbeeld meegevoerd kunnen worden in gehechtheid aan iemands uiterlijk, reputatie of het beeld dat zij vertegenwoordigen, wat leidt tot bezitterigheid, jaloezie of ongerustheid. Het is daarom bijna altijd een voorwaardelijke vorm van liefde en is zelden langdurig, vooral als onze relatie alleen gebaseerd is oppervlakkige gevoelens. Romantische liefde bevat over het algemeen ongeveer 30% trots, 20% bezitterigheid, 30% vastklampen en 20% zorgzaamheid en compassie. Zolang jaloezie, bezitterigheid en egocentrische houdingen overheersen, is deze vorm van liefde voorwaardelijk en onzeker. Echter met een grotere verhouding van zorgzaamheid en compassie, zullen egocentrische zorgen verdampen en een dieper gevoel van geluk kan worden ervaren. Op deze manier kan romantische liefde onvoorwaardelijk worden.

3. **Tedere Liefde:** deze vorm van liefde roept warme gevoelens op voor andere levende wezens zoals baby's, dieren en huisdieren. We kunnen dit ook voelen als we bezig zijn met de natuur, kunst, muziek of iets anders wat zulke gevoelens oproept. De ervaring van warmte die gepaard gaat met tedere liefde gaat meestal gepaard met een oprecht gevoel van vreugde en dit is niet afhankelijk van specifieke voorwaarden. Het wordt eerder geassocieerd met gevoelens zoals bescherming, zachtheid en zachtaardigheid. Tedere liefde bevat over het algemeen ongeveer 10% trots en eigenaarschap, 20%, gehechtheid, 30% compassie en 40% zorgzaamheid.

4. **Bezittelijke Liefde:** deze vorm van liefde wordt geassocieerd met negatieve of destructieve gemoedstoestanden zoals verlangen, afgunst, trots of oppervlakkige gevoelens. Een voorbeeld is de liefde

voor bepaalde objecten uit ijdelheid of verlangen naar zelfbevrediging. Deze vorm van liefde bevat ongeveer 50% eigendom en trots, 30% gehechtheid, 20% zorgzaamheid en bijna geen compassie.

5. **Compassievolle Liefde**: dit verwijst naar oprecht begrip, empathie en zorgzaamheid die in hoge mate aanwezig is. Het is een gevoel van liefde en zorg voor alle levende wezens als gelijk aan jezelf en betekent niet dat je medelijden of sympathie voelt voor anderen die lijden. Het is eerder oprechte, niet-oordelende en onvoorwaardelijke zorg voor alle wezens, ongeacht hun uiterlijk, status of omstandigheden.

Ons vermogen om compassievolle liefde te belichamen varieert enorm. Ik geloof dat iedereen een natuurlijke plicht heeft om deze kwaliteit te ontwikkelen, aangezien het in het belang van onszelf en anderen is om dit te doen. Het kan met name leiden tot een hogere mate van geluk en kracht; het kan ons zelfs helpen om verlichting te bereiken. Het cultiveren van compassievolle liefde vereist normaal gesproken een grote mate van reflectie en mentale training; uitzonderlijke mensen hebben het echter van nature in hun hart.

De beste compassie moet worden gecombineerd met wijsheid; onze zorg voor anderen kan dan oprecht, helder en onverwoestbaar worden. Als we alleen op sympathie of medelijden vertrouwen, is het moeilijk om een oplossing te vinden waar anderen echt baat bij hebben. In plaats daarvan kunnen we ons ontmoedigd voelen omdat onze acties niet effectief zijn en ons compassie kan zelfs nog verder afnemen.

Hoe kunnen we dan compassievolle liefde ontwikkelen? Het kan buitengewoon nuttig zijn om te identificeren welke vormen van liefde aanwezig zijn in onze relaties en er vervolgens naar te streven onze compassie, respect en dankbaarheid te vergroten, terwijl we actief onze gehechtheid, zelfobsessie en trots verminderen. Veel aspecten van ons dagelijks leven worden beïnvloed door een cultuur die faalt het belang van compassievolle liefde te benadrukken. Het is daarom cruciaal om dit te oefenen met onze partners, families en degenen die het dichtst bij ons staan. Met deze basis kunnen we dit gevoel van onvoorwaardelijke liefde met vertrouwen uitbreiden naar alle levende wezens. Dit zal ons dan echt naar een sterkere geest en een gelukkiger leven leiden.

Gelukkig zijn er veel geweldige rolmodellen voor het beoefenen van deze vorm van liefde. In de boeddhistische traditie staan ze bekend als bodhisattva's, wezens die grenzeloze, onvoorwaardelijke liefde voor alle levende wezens belichamen. Daarom is hun leven, ongeacht wat ze doen, vol vreugde. Bodhisattva-compassie is wanneer oprechte compassie gepaard gaat met wijsheid en ook bekend staat als 'strijderscompassie'. Dit betekent dat er geen omstandigheden zijn die deze gecombineerde eigenschappen kunnen vernietigen of hen deze kunnen doen opgeven. Iedereen zou ernaar moeten streven deze compassievolle wijsheid na te streven, aangezien we het lijden zonder deze nooit volledig zullen overwinnen. We hebben allemaal het potentieel om deze kwaliteit te bereiken en we moeten altijd ons best doen om het te cultiveren.

DOELEN BEREIKEN EN STERKTE VAN ONS KARAKTER

In welke fase we ons ook bevinden in het leven, het is belangrijk om doelen te hebben, terwijl dit van het grootste belang is als we jong zijn met het verhoogde potentieel om ons toe te leggen op het bereiken ervan. Het is handig om te beseffen dat doelen zowel tijdelijk als langdurig kunnen zijn: zoals het afronden van een studie; of het doen van een belangrijke ontdekking of spirituele ontwikkeling. Doelen moeten ook de moeite waard zijn. Zo zal het kopen van een duur huis of een dure boot niet direct bijdragen aan toekomstig geluk, maar een doel waarbij we andere mensen helpen, zal uiteindelijk onszelf en anderen ten goede komen. Zonder doelen die realistisch en de moeite waard zijn, leven we in een kinderlijke of droomachtige staat en lopen we het gevaar mee te drijven, zonder te weten welke richting we opgaan en slagen we er niet in ons potentieel te realiseren om een verschil in de wereld te maken.

Als we tenminste enkele doelen in het leven hebben uitgewerkt, is dat geweldig! Dit is de eerste cruciale stap, terwijl de tweede cruciale stap is om deze doelen te bereiken. De mentale kwaliteiten die we moeten aankweken om dit te doen, omvatten ambitie en enthousiaste toewijding. Zonder deze wordt elk doel helaas slechts een fantasie.

Het is ook uiterst belangrijk om sterk te geloven in ons vermogen om de doelen te bereiken die we voor onszelf hebben gesteld. Als we niet volledig overtuigd zijn van ons vermogen om te slagen, is de kans groot dat we het opgeven als zich ontmoedigende omstandigheden voordoen. Als we daarentegen een sterk geloof in onszelf hebben, dan zullen we, ongeacht welke obstakels op onze weg staan en hoe vaak we ook falen, altijd blijven proberen en zullen we onze kansen op uiteindelijk succes vergroten.

Het vermogen om door te zetten, ongeacht met welke obstakels we worden geconfronteerd, komt uiteindelijk neer op een sterk karakter. De hoeksteen van een goed, sterk karakter is een combinatie van zelfvertrouwen, discipline en mentale kracht, samen met een hoge mate van mentale tevredenheid. Sommige mensen worden met deze eigenschappen geboren, hoewel de meesten van ons er hard aan moeten werken en ervoor moeten zorgen dat we de ene niet ontwikkelen ten koste van de andere. Hiermee bedoel ik dat het belangrijk is om wijsheid toe te passen in hoe we ons karakter ontwikkelen. Als we bijvoorbeeld proberen zelfvertrouwen te ontwikkelen, kunnen we in plaats daarvan ten prooi vallen aan trots of zelfs arrogantie. Of wanneer we proberen mentale tevredenheid te ontwikkelen, kunnen we uiteindelijk zelfgenoegzaam worden.

Het is belangrijk om zowel onze gedachten als onze acties voortdurend in de gaten te houden en wijsheid toe te passen op de richting die we inslaan, zowel extern als intern. Dit is waar het erg handig is om een mentor of spirituele leraar te hebben om ons te begeleiden bij het ontwikkelen van onze mentale kwaliteiten. Het maakt niet uit of deze 'mentor' een religieuze achtergrond of een hoog opleidingsniveau heeft; het cruciale punt is dat hij of zij bekend is met de goede eigenschappen waar we het over hebben.

ZELFGENOEGZAAMHEID VS TEVREDENHEID

Ik wil het op dit punt nog iets meer hebben over zelfgenoegzaamheid. Ik heb al gezegd dat wanneer we spreken over het cultiveren van tevredenheid, mensen dit soms verwarren met zelfgenoegzaamheid. Wat bedoel ik hiermee? Neem bijvoorbeeld iemand die hoort dat we, om geluk te bereiken, onze goede innerlijke kwaliteiten moeten cultiveren en leren tevreden te zijn met wat we hebben, in plaats van altijd meer te willen. Tenzij we een scherp inzicht en wijsheid hebben of een goede leraar, denken we misschien dat we alleen maar een positieve houding hoeven te hebben en ons nergens zorgen over hoeven te maken. Helaas zorgt dit er normaal gesproken voor dat we onze focus verliezen en ongeorganiseerd raken. Dit is de definitie van zelfgenoegzaamheid.

Een zelfgenoegzame houding helpt ons niet om geluk te bereiken. Hoewel een ontspannen en kalme kijk soms gunstig kan zijn, kunnen we vaak in het extreme vervallen van onvoorzichtigheid of een zwakke wil. Hoewel het belangrijk is om tevreden te zijn met onze omstandigheden, is het ook cruciaal om het potentieel te realiseren dat we hebben om onze situatie te veranderen door een beetje moeite te doen. Het is mogelijk om tevreden te zijn met wat we hebben en waar we zijn, terwijl we toch hard ons best doen om onze doelen te bereiken. Als we ons bijvoorbeeld beperken tot koude douches omdat het warmwatersysteem kapot is, kunnen we voorlopig 'tevreden' zijn met koude douches en ons mentale rust hierdoor niet laten verstoren maar dat betekent niet dat we het niet willen repareren! Als we te zelfgenoegzaam zijn, gaan veel kansen verloren en blijft ons potentieel om onszelf te verbeteren niet herkend.

Hoewel zelfgenoegzaamheid een extreem idee is dat ons weg leidt van echte tevredenheid, is de andere kant van het spectrum het onvermogen om tevreden te zijn met onze situatie. Hoe goed onze externe omstandigheden ook lijken, als we altijd ontevreden zijn, zullen we constant meer willen en niet waarderen wat we al hebben. Deze houding is vaak geworteld in een mentaliteit van concurrentievermogen en afgunst, altijd beter willen zijn dan anderen of trots zijn op onze eigen prestaties. Helaas wordt dit vaak aangemoedigd door de samenleving waarin we leven.

Onlangs las ik een onthullend rapport waarin een enquête werd beschreven waarin mensen werden gevraagd om de volgende vraag te beantwoorden: Zou u liever een baan hebben waarin u $ 100.000 dollar per jaar verdient en alle anderen $ 80.000, of zou u liever een baan hebben waarin u $ 150.000 per jaar verdient terwijl anderen op uw werkplek $ 200.000 verdienen? Het antwoord leek me duidelijk, dat de meeste mensen graag meer geld zouden willen verdienen. De meerderheid van de mensen koos er echter voor om minder geld te verdienen, zolang ze maar meer verdienden dan hun collega's!

Ik denk dat dit een belangrijk inzicht geeft in de menselijke natuur - dat we graag beter zijn dan anderen en ontevreden zijn als we dat niet zijn. Als we echter denken dat een miljoen dollar ons gelukkig zou maken en we uiteindelijk dit doel bereiken, zullen we niet per se geluk vinden als we daar zijn. In plaats daarvan denken we misschien dat we twee miljoen, vijf miljoen of zelfs tien miljoen dollar nodig hebben om gelukkig te zijn! Het is zeldzaam om echte tevredenheid te vinden wanneer onze geest is gericht op het vergaren van materiële rijkdom.

Als we de tijd die we besteden aan het verdienen van geld gebruiken om zelfdiscipline en tevredenheid in onze geest en hart te ontwikkelen, kan onze tijd beter besteed worden. Door de rijkdom van tevredenheid te ontdekken, zouden we altijd al gelukkig zijn geweest, daarmee een ware bron van rijkdom gevonden te hebben. Bovendien is de kans groter dat we gezond zijn omdat een tevreden geest vrede brengt, en zoals veel wetenschappelijke onderzoeken nu aantonen, is een vredige geest noodzakelijk voor een gezond lichaam. Een gezonde, stressvrije geest kan bijvoorbeeld leiden tot een verlaagde bloeddruk en hartslag, waardoor de immuunfunctie wordt verbeterd en dit komt ten goede bij een breed scala aan aandoeningen, waaronder hartaandoeningen, diabetes en kanker. Dus tevredenheid is niet alleen goed voor de geest, maar ook voor het lichaam.

Het wat en waarom van compassie

Iedereen kent het woord 'compassie' en is het erover eens dat het een goede zaak is. Dus waarom worstelen we om het te bereiken? Hoewel mensen bijna elke dag over compassie spreken, moedigt onze samenleving ons aan om vooral op onszelf te focussen en hoewel we misschien horen over empathie en compassie, zijn we meestal niet getraind om deze kwaliteiten te ontwikkelen dan wel de vaardigheden om ze te behouden. Zelfs als we af en toe horen over de voordelen van het beoefenen van compassie, begrijpen we zelden de ware betekenis ervan en waarderen we zelden de voordelen op korte en lange termijn die dit kan opleveren.

Veel mensen denken dat compassie alleen van toepassing is op situaties waarin mensen lijden, en dat het betekent dat je je verdrietig en ellendig voelt voor de persoon die lijdt. Medelijden voelen voor iemand die lijdt is belangrijk en is een goede eerste stap, maar het is nog lang niet het ervaren van oprechte compassie. Dit betekent niet dat we onszelf moeten laten lijden in de plaats van anderen, maar dat we de geest moeten voorbereiden om klaar te zijn om het lijden van andere mensen weg te nemen, ongeacht hoe moeilijk dit ook is. We kunnen dan handelen naar deze motivatie om anderen te helpen die fysiek lijden, of misschien door anderen aan te moedigen om op meer bekwame manieren te denken als ze mentaal lijden. Als we deze pure intentie of kwaliteit in onze geest hebben, zullen we gezegend zijn met een gevoel van innerlijke rust en veerkracht, en veel minder bezorgd zijn over onze eigen problemen.

Ieder mens, of hij nu religieus is of niet, is het ermee eens dat compassie een belangrijke deugd is, maar als we goed kijken, kunnen we zien dat er veel verschillende niveaus van compassie zijn.

Het eerste niveau is wanneer we ontroerd worden door andere mensen die dicht bij ons staan te zien lijden. Als een vriend van ons bijvoorbeeld betrokken was bij een auto-ongeluk waardoor hij of zij niet meer kan lopen, of als we iemand kennen die sterft aan kanker, dan zijn we gemotiveerd om ons best te doen om hem of haar te helpen in deze situatie.

Het tweede niveau is om ontroerd te worden door het lijden van alle mensen, inclusief mensen van alle religies en alle rangen en standen. Als we op het nieuws over een aardbeving horen, hoewel we de slachtoffers niet kennen, kunnen we ertoe bewogen worden om te doen wat we kunnen om hen te helpen. Als we horen over de gevolgen van de opwarming van de aarde, kunnen we compassie ontwikkelen voor alle mensen die getroffen zullen worden.

Het volgende niveau is het ontwikkelen van compassie voor alle wezens zonder enige vooroordelen. We realiseren ons dat alle wezens, inclusief onze vijanden en degenen die slecht handelen, ernaar verlangen om gelukkig te zijn en lijden te vermijden, net als wij. En dus voelen we compassie voor hen, net als voor degenen die dicht bij ons staan. Daarom is compassie het begrip dat anderen misschien niet vrij zijn van hun zwakheden. Niet alleen mensen, maar alle dieren, die het vermogen hebben om plezier en pijn te ervaren, worden een object van onze compassie. Dus als we een spin of mug zien, doden we hem niet simpelweg omdat we hem irritant vinden. In plaats daarvan zijn we ons intens bewust van zijn recht op leven.

Het vierde niveau van compassie is gebaseerd op de diepe wijsheid die ons bewust maakt van de diepere oorzaken van lijden, niet alleen van het werkelijke lijden dat we om ons heen zien. Hoewel alle levende wezens gelukkig willen zijn, realiseren we ons dat ze door onwetendheid en onvaardig handelen voortdurend de oorzaken van lijden voor zichzelf creëren. Waarom wordt een alcoholist dronken en gedraagt hij zich onverantwoordelijk, of gedraagt een dief of moordenaar zich zoals hij doet? Hoewel we kunnen zeggen dat ze 'verslaafd' zijn, zijn ze nog steeds op zoek naar een soort van bevrediging of vervulling, maar creëren ze lijden voor zichzelf en anderen met hun onvaardige acties. Omdat ze dit niet kunnen zien, is de grondoorzaak van hun lijden onwetendheid.

Mensen die rijk en beroemd zijn, zijn ook niet immuun voor lijden. Ze lijden wanneer de omstandigheden die hun geluk brengen, opraken. Niet alleen dit, maar op elk moment hebben ze altijd iets om zich zorgen over te maken; misschien zijn ze ontevreden over hun uiterlijk of jaloers op een populaire nieuwe beroemdheid. Daarom, hoe goed of slecht iemands situatie ook lijkt, ze zijn nog steeds niet vrij van lijden. Als we diep nadenken, zien we dat praktisch iedereen voortdurend ondergedompeld is in een soort van lijden of de oorzaken voor toekomstig lijden creëert. Met dit begrip wordt ons compassie nog dieper.

Ten slotte is het hoogste niveau van compassie gebaseerd op een begrip van onbaatzuchtigheid, wat betekent dat we zien dat alles onderling afhankelijk en niet substantieel is, en dat niets echt op zichzelf bestaat. Dit is een uitgebreid en diepgaand idee, dat de essentie is van de boeddhistische filosofie. Om een voorproefje van dit begrip te geven, stel je voor dat we de gedachten kunnen lezen van iemand die droomt, die vreselijk lijdt in een helse omgeving. We weten dat dit slechts een droom is die ze in hun hoofd hebben gecreëerd, maar ze weten dit niet, en we willen ze boven alles wakker maken uit hun droom, omdat we hun ongelooflijke potentieel voor geluk kunnen zien als ze zich maar konden realiseren dat de droom niet waar is. Met dit besef zal spontaan een diep niveau van compassie ontstaan.

Om onbaatzuchtigheid vanuit een andere hoek te begrijpen, moeten we ons realiseren dat er geen aangeboren bestaand 'ik' en 'ander' is. Wanneer we dit begrijpen, smelt de barrière tussen onszelf en anderen weg, dus is er geen verschil tussen ons eigen geluk en het geluk van anderen. compassie voor alle wezens ontstaat dan vanzelf. Dit is niet voor iedereen gemakkelijk te begrijpen, maar van tijd tot tijd kunnen we er door directe ervaring een glimp van opvangen.

Hoe is een dieper begrip van compassie praktisch te maken in ons dagelijks leven? Stel je voor dat we ineens ruzie hebben met iemand. We kunnen denken dat ze een slecht persoon zijn, dat ze ongelijk hebben en dat wij gelijk hebben en op dat moment kunnen we een sterk gevoel van een gescheiden 'ik' en 'ander' voelen. Als we de situatie echter nauwkeurig analyseren en ons in hun schoenen verplaatsen, zullen we ontdekken dat er veel oorzaken en omstandigheden zijn waarmee we geen rekening hebben gehouden toen we tot de conclusie kwamen dat onze tegenstander 'fout' is. We zullen veel factoren ontdekken die bijdragen aan de gebeurtenissen die leidden tot het argument. We zouden kunnen ontdekken dat ze een slechte dag hebben gehad, dat wij ook schuldig zijn, of dat er een enorm misverstand aan de basis ligt van het conflict.

Als we beseffen dat er altijd een enorm netwerk van onderling afhankelijke factoren in het spel is, zien we de werkelijkheid veel helderder en komen we dichter bij het begrijpen van de waarheid van onbaatzuchtigheid. Er is geen basis meer voor woede; in plaats daarvan hebben we een natuurlijke empathie en geduld, ons realiserend dat jullie allebei gewoon gelukkig willen zijn en daarom is elk conflict zinloos.

Als we echt begrijpen dat elk levend wezen op zoek is naar geluk en lijden probeert te vermijden, net als ikzelf, dan zal ons compassie stabiel zijn, zonder enige grenzen. Dit is echter moeilijk te bereiken en in de praktijk zal onze compassie soms beperkt zijn. Zelfs als dit het geval is, is het nog steeds nuttig om elk niveau van compassie te oefenen. Bedenk dat het vele jaren kan duren om een echt stabiel en onbevooroordeeld gevoel van compassie te ontwikkelen. We moeten ook in gedachten houden dat compassie niet alleen verdriet is als anderen lijden, maar dat het ook een gevoeligheid is die ons in staat stelt anderen te begrijpen. compassie en gevoeligheid zorgen daarom voor een openheid en verbondenheid met anderen die meer bevorderlijk is voor wederzijdse geluksgevoelens.

VRIJGEVIGHEID, GEDULD EN DANKBAARHEID

Een natuurlijke manier om compassie te uiten is door genereus en geduldig te zijn en een gevoel van dankbaarheid te tonen voor alles wat we hebben. Vooral tijdens de jonge volwassenheid sturen deze acties ons krachtig naar een gelukkig, bevredigend en zinvol leven.

Vrijgevig zijn betekent niet dat we al onze bezittingen aan anderen weggeven. Het betekent jezelf trainen om hebzucht of luiheid te vermijden en mentaal voorbereid en bereid zijn om anderen te helpen door materiële voorwerpen, tijd en andere vormen van hulp te geven wanneer dat nodig is. Vrijgevig zijn betekent ook geduld hebben, kunnen vergeven en gemakkelijk boosheid of wrok loslaten.

Geduld betekent dat wanneer iemand boos op ons is of ons onredelijk behandelt, we ofwel niet negatief reageren of met kalmte, redelijkheid en compassie reageren. Het omvat ook volharding in het bereiken van onze doelen, zelfs wanneer we worden geconfronteerd met ontberingen. Geduld betekent niet gewoon passief wachten tot gebeurtenissen plaatsvinden zonder naar alternatieve oplossingen te zoeken, of gewoon ongunstige omstandigheden accepteren zonder te proberen onze situatie te veranderen. Dat zou gemakzucht zijn.

Atleten trainen hun lichaam met veel geduld en ze zijn over het algemeen veel gelukkiger dan degenen die niets doen. De voordelen en waarde van het trainen van onze geest in tegenstelling tot het lichaam, in geduld en vrijgevigheid, zullen veel groter zijn dan die verkregen door atleten. Het is vooral nuttig om geduld en vrijgevigheid te oefenen met onze spraak en acties in ons dagelijks leven. We kunnen dan een kalm natuurlijk gevoel ontwikkelen dat deze kwaliteiten altijd bij ons zijn. Na een tijdje wordt het leven met geduld, vrijgevigheid en dankbaarheid een enorme bron van vreugde. Onthoud dat hoewel het lijkt alsof we geduldig of genereus zijn voor het welzijn van iemand anders, het moeilijk te voorspellen is hoeveel ze zullen profiteren van onze acties. Wij daarentegen zullen er altijd van profiteren.

Het grootste deel van de ontevredenheid en het ongeluk dat we in ons leven ervaren, komt voort uit een gebrek aan waardering voor de kostbare dingen die we al hebben. Als we bijvoorbeeld gezond zijn, vergeten we onze mentale vermogens, ons vermogen om te zien en te horen, of onze fysieke vermogens te waarderen. We vergeten dankbaar te zijn voor ons kostbare menselijke bestaan als alles goed gaat, maar als we erachter komen dat we kanker of een andere ernstige ziekte hebben, beseffen we plotseling hoeveel geluk we hebben. Iedereen die een trauma of ziekte oploopt, erkent de kostbaarheid van zijn eerdere goede gezondheid. Het is beter om elke dag een goede gezondheid te leren waarderen en dat geluk nu te ervaren in plaats van te wachten op een toekomstig ongeluk om ons deze les te leren.

Als we goed nadenken, zullen we ontdekken dat er veel dingen zijn waar we dankbaar voor kunnen zijn. Maar bovenal zijn het de mensen die dicht bij ons zijn en ons dierbaar zijn, die onze dankbaarheid echt verdienen. Er is een verhaal uit de tijd van de Boeddha dat dit illustreert:

De Boeddha ontmoette eens een koopman genaamd Sigala, die hij zag buigen naar de zes richtingen van Oost, West, Zuid, Noord, Beneden en Boven. De Boeddha vroeg Sigala waarom hij dit ritueel uitvoerde en hij antwoordde dat zijn vader hem had gezegd elke ochtend in de zes richtingen te buigen, hoewel hij niet wist wat de reden hiervan was. De Boeddha antwoordde: "Buigen is een oefening die zowel in het heden als in de toekomst geluk kan brengen." Hij vertelde Sigala dat hij dankbaarheid aan zijn ouders kon overdenken wanneer hij naar het Oosten boog en dankbaarheid aan zijn leraren wanneer hij naar het Zuiden boog. Buigend voor het Westen kon hij nadenken over dankbaarheid voor zijn familie, en buigend naar het Noorden kon hij nadenken over dankbaarheid voor zijn vrienden. Naar beneden buigend kon hij nadenken over dankbaarheid voor zijn medewerkers, en ten slotte, buigend naar boven kon hij nadenken over dankbaarheid jegens alle wijze en deugdzame personen.

DE GEEST TRAINEN OM INNERLIJKE KWALITEITEN TE ONTWIKKELEN

Op dit punt wil ik nogmaals benadrukken hoe belangrijk het is om een ijverige inspanning te leveren om de innerlijke kwaliteiten die tot geluk leiden te cultiveren, in plaats van te vertrouwen op externe factoren die buiten onze controle liggen. Iedereen wil altijd geluk ervaren, maar dit hangt af van de mate waarin we bereid zijn om de primaire voorwaarden voor geluk te cultiveren.

Er is niets mis mee om te werken aan het bereiken van secundaire voorwaarden van geluk, zoals opleiding, carrière, relaties of vakantie. Maar het belangrijkste is om de primaire voorwaarden voor geluk, die in onze mentale kwaliteiten worden gevonden, te herkennen en deze oprecht in praktijk te brengen. Waarom is dit zo? Ten eerste is het buitengewoon moeilijk om al onze omstandigheden perfect te maken. En zelfs als we nu in staat zouden zijn om de perfecte omstandigheden te bereiken, zouden we heel snel ontevreden kunnen worden met wat we hebben als we onze innerlijke kwaliteiten niet hebben ontwikkeld.

Als we geen dankbaarheid hebben ontwikkeld, zijn we misschien blind voor het geluk dat we al bezitten en vinden we heel weinig geluk, zelfs in de meest gelukkige omstandigheden. Als we discipline missen, kunnen we ons gemakkelijk vervelen en onze focus verliezen als de omstandigheden ons niet bevallen. Als we geen geduld hebben ontwikkeld, zullen we onze kalmte en gemoedsrust verliezen wanneer we geconfronteerd worden met moeilijke situaties. Daarom, hoe meer we externe omstandigheden nodig hebben voor onze geluk in plaats van deze innerlijke kwaliteiten, hoe gevoeliger we worden voor zelfs de geringste ontberingen. We maken er een gewoonte van om stil te staan bij ongelukkige situaties en vinden het moeilijk om geluk te waarderen en ervan te genieten als het op ons pad komt.

Over het algemeen omvat het trainen van onze geest om nieuwe mentale eigenschappen aan te nemen drie stappen. Eerst moeten we ons vertrouwd maken met de voordelen van de nieuwe gewoonte die we willen aannemen en de nadelen van de oude manieren die we willen opgeven. Dan moeten we ons toeleggen op een ritueel van zelfreflectie, waarbij we gedurende de dag regelmatig korte periodes doorbrengen om ons vertrouwd te maken met de nieuwe gewoonte. Ten slotte moeten we ons bewust worden van de nieuwe gewoonte, zodat het een deel van ons wordt dat constant aanwezig is. Als we bijvoorbeeld onze compassie willen verbeteren, kunnen we nadenken over hoe het trainen van onze geest op deze manier ons kan helpen innerlijke kracht en tevredenheid te ontwikkelen en onze relaties met anderen te verbeteren. We moeten dan een dagelijkse verbintenis aangaan om na te denken over en compassie te oefenen wanneer de gelegenheid zich voordoet. Door deze dagelijkse oefening, gedurende een periode van maanden of jaren, zal ons hart zich uitbreiden, zodat compassie een onwrikbaar onderdeel van ons leven wordt.

Let alsjeblieft op deze belangrijke opmerking: het is gemakkelijk om te denken dat we iets begrijpen als het voor de hand liggend lijkt of gemakkelijk logisch voor ons is. Onze geest is echter als een blad dat in veel verschillende richtingen door de wind wordt meegesleurd, en één keer luisteren of iets lezen is niet genoeg om onze manier van denken of handelen te veranderen. Daarom is het cruciaal om keer op keer na te denken over alle leringen die we in ons leven willen toepassen, hoe voor de hand liggend ze op het eerste gezicht ook lijken. We moeten ook in gedachten houden dat geluk stapsgewijs wordt bereikt, van moment tot moment en ervaring voor ervaring. Het zal niet plotseling verschijnen na een levensveranderende gebeurtenis of openbaring.

Als we ons echter consequent richten op het ontwikkelen van innerlijke kwaliteiten, dan kan geluk een primaire, stabiele en blijvende voorwaarde worden. We kunnen deze toestand niet verliezen zolang we leven en niemand kan hem van ons afnemen.

Oefening: Reflecteren op je dag

Trek elke ochtend en avond ongeveer een kwartier uit. Controleer in de ochtendsessie je houding voordat je aan de dag begint. Waardeerde je dat je vanmorgen nog leefde, in een land waar de omstandigheden het zo gemakkelijk maken om te leven, in vergelijking met sommige derdewereldlanden? Ben je vastbesloten om deze dag verstandig te gebruiken en compassie te beoefenen zoals je kunt, trouw aan je diepste waarden? Ben je in je werk en je relaties bereid om geduld te hebben als dingen niet gaan zoals je verwacht?

Denk 's avonds terug aan de dag die net voorbij is. Denk aan de mensen met wie je hebt gesproken, de plaatsen die je hebt bezocht en zowel de goede als de slechte dingen die zijn gebeurd. Waar kun je dankbaar voor zijn? Misschien vind je het leuk om een lijst van vijf tot tien dingen te schrijven in een 'dankbaarheidsdagboek'.

Ga rechtop zitten, ontspan al je spieren en haal een paar keer diep adem. Probeer te rusten in een natuurlijk gevoel van tevredenheid en vreugde en denk na over hoe je de volgende dag echt zinvol en de moeite waard kunt maken.

De leeftijd
van ervaring

Mensen in het Westen zijn vaak negatief over ouder worden en velen zien deze levensfase als het begin van een afdaling naar een slechte gezondheid en uiteindelijk de dood. In veel opzichten zijn mensen van deze leeftijd echter in een betere positie dan jonge mensen om geluk te bereiken. Dit komt omdat we in dit stadium een aanzienlijke hoeveelheid levenservaring hebben gehad en de meeste mensen zijn erin geslaagd enige wijsheid te verwerven, of we zijn in ieder geval veel in ons leven tegengekomen waarover we kunnen nadenken. Veel mensen hebben tegenslagen in hun leven ondergaan, vooral financieel, emotioneel of fysiek en realiseren zich dat ze niet kunnen vertrouwen op externe voorwaarden voor geluk, maar in plaats daarvan moeten ze deze bron binnenin vinden. Met deze kennis zullen we het veel gemakkelijker vinden om de noodzakelijke interne kwaliteiten te cultiveren die tot geluk leiden.

Als we deze leeftijd bereiken, zijn we ofwel alleenstaand of hebben we een relatie. Ongeacht onze omstandigheden of leeftijd zullen we nog steeds op zoek zijn naar geluk en proberen lijden te vermijden. Ik heb geprobeerd de veelvoorkomende problemen te identificeren waarmee mensen van deze leeftijdsgroep worden geconfronteerd en zal proberen om voor elk van hen een leidraad te geven.

HET LEVEN VAN EEN VRIJGEZEL

Als we in deze fase van ons leven niet getrouwd zijn of een langdurige relatie hebben, kan dit verschillende redenen hebben. We hebben misschien geprobeerd om met een of meerdere partners samen te leven en om de een of andere reden zijn deze relaties niet gelukt. Misschien hebben we gewoon nooit de juiste persoon ontmoet, of misschien wilden we in de eerste plaats nooit een relatie hebben. Wat de reden ook is; veel alleenstaanden op deze leeftijd voelen zich eenzaam en niet op hun plaats in een wereld waar het niet hebben van een partner als afwijkend van de norm kan worden beschouwd.

Als we deze situatie echter vanuit een heel ander licht bekijken, kan vrijgezel zijn op deze leeftijd een geweldige kans zijn. Terwijl we veel dingen hebben meegemaakt en we uit persoonlijke ervaring kunnen hebben geleerd - misschien waren sommige van de bezigheden waaraan we ons wijden uiteindelijk zinloos of ontbraken ze aan betekenis. Het verstrijken van de tijd kan onze prioriteiten veranderen, het nastreven van een bepaald doel kan in het verleden veel betekenis voor ons hebben gehad, toch kunnen we soms het gevoel hebben dat dit is 'volbracht' of dat we hebben geleerd wat we moesten leren en dat als we onszelf een beetje ruimte geven, er iets nieuws en betekenisvoller zal ontstaan. Dit is als het schillen van een ui, laag voor laag, zodat we geleidelijk een dieper doel kunnen onthullen.

Met dit soort wijsheid om ons te leiden, en zonder een partner, zijn er veel kansen die zich kunnen voordoen. We kunnen ons inschrijven op de universiteit en een nieuwe studie beginnen. We kunnen de wereld rondreizen, een nieuwe taal leren, een boek schrijven of een nieuw bedrijf starten om onze lokale gemeenschap te dienen. Hoewel het misschien onconventioneel lijkt, zouden we zelfs een klooster kunnen binnengaan of ons leven kunnen wijden aan het verkrijgen van spirituele realisatie, door een eenvoudig leven te leiden dat ons in staat stelt echt gemoedsrust te ontwikkelen. We kunnen al deze en nog veel meer prachtige dingen doen als we geen partner of familie hebben aan wie we verantwoordelijk zijn.

KLOOSTERLEVEN

Het kloosterleven klinkt voor veel mensen in de moderne wereld misschien als een onconventioneel idee. We kunnen ons immers een steriel en saai bestaan voorstellen, met nonnen en monniken die afgezonderd zijn van de wereld, die strikte regels volgen en geen plezier mogen hebben. Ik zou graag iets willen zeggen over het boeddhistische kloosterleven, omdat dit heel anders kan zijn dan wat veel mensen verwachten. Ik probeer het Boeddhisme zeker niet te verkopen als de 'beste' religie of de 'beste' manier van leven. Ik wil eerder puur mijn eigen ervaring delen, in de hoop dat je dit nuttig vindt. Ik heb vele jaren als Boeddhistische monnik geleefd en kan je daarom met enig vertrouwen over dit leven vertellen.

Het ware doel van een Boeddhistische monnik is niet om een gelukkig of prettig leven te leiden, maar om verlichting te bereiken. Als we ons leven echter besteden aan het bereiken van een staat van verlichting, dan zal natuurlijkerwijs een gelukkig en vredig leven van ons zijn. Ik zie vaak ongelukkige en eenzame mannen en vrouwen in het Westen, en ik denk wat een geweldige kans deze persoon zou hebben om een vreedzaam ingewijd leven te leiden.

Waarom zeg ik dit? Het fundament van een ingewijd leven is het afzweren. Toen ik werd gewijd, was ik pas achttien jaar oud. Ik had geen liefdesverdriet, financiële moeilijkheden of teleurstelling gehad. Ik had alleen maar leuke tijden beleefd met vrienden en familie en was zelfs verliefd geworden en wilde meer. Daarom zou ik het in het begin moeilijk hebben gevonden om me aan het kloosterleven aan te passen; ik was echter nog steeds in staat om het afstand te ontwikkelen door de kracht van de boeddhistische beoefening. Als we daarentegen al een gebroken hart en andere teleurstellingen hebben meegemaakt, kunnen we dit in ons voordeel gebruiken door ons door deze ervaringen te laten inspireren tot het echt afstand nemen van het wereldse leven

Wat betekent het om ons leven te wijden aan het bereiken van verlichting? Fundamenteel is dit idee gebaseerd op een leerstelling van Boeddha genaamd de Vier Edele Waarheden. Boeddha leerde deze waarheden niet om mensen tot het Boeddhisme te bekeren, maar om elk levend wezen de weg uit het lijden te tonen. Deze waarheden gelden voor iedereen:

De aard van het leven is lijden of onbevrediging.

Lijden is niet willekeurig, maar heeft een oorzaak: onze negatieve emoties, onze eerdere negatieve acties en onze neiging om een overdreven idee van 'zelf' en 'ander' vast te grijpen.

Volledige vrijheid van lijden, oftewel verlichting is mogelijk.

Het pad naar verlichting omvat het elimineren van de oorzaken van lijden door discipline, concentratie en wijsheid te beoefenen (ook bekend als het Edele Achtvoudige Pad).

Deze waarheden zijn niet alleen intellectuele theorieën of filosofische speculaties, maar werden ontdekt door de directe ervaring van de Boeddha in meditatie. Veel andere mediterenden en contemplatieve beoefenaars hebben sinds de tijd van Boeddha ook dezelfde ervaring opgedaan en bevestigen deze ontdekkingen op vrijwel dezelfde manier als een wetenschapper een experiment vele malen herhaalt om een wetenschappelijke ontdekking te verifiëren. Bovendien worden nieuwkomers aangemoedigd om geen van deze ideeën met blind vertrouwen te accepteren, maar om ze grondig te analyseren en te testen in hun eigen ervaring, net zoals we goud kunnen testen op zuiverheid.

Het doel van het Boeddhistische kloosterleven is om dit beproefde pad te volgen in een omgeving met weinig afleiding. Dit stelt iemand in staat een eenvoudig leven te leiden en de geest aandachtig te concentreren op het verwijderen van de hoofdoorzaken van lijden, net zoals de Boeddha en zijn vele volgelingen hebben gedaan. Het doel van het kloosterleven is verre van een egocentrische bezigheid, maar is gericht op het vergroten van onze geestkracht, zodat we een groter vermogen kunnen ontwikkelen om anderen te helpen. Alleen als we begrijpen hoe we lijden kunnen overwinnen, kunnen we anderen echt helpen hetzelfde te doen.

Vaak spreken we van 'verlichting ter wille van anderen'; vanuit dit perspectief zoeken we veel meer dan alleen onze eigen redding. Op deze manier hebben veel van de grote Tibetaanse spirituele leraren van de laatste generatie, zoals mijn eigen leraar, Lama Lobsang Trinley en de grote zestiende Karmapa, allemaal vele jaren besteed aan het cultiveren van de geest van verlichting. Dit hield in dat ze zich een aantal jaren uit de wereld van alledag verwijderden om zich intensief bezig te houden met retraite. Toen ze eenmaal echte realisatie hadden bereikt, werd hun vermogen om te werken voor het welzijn van anderen buitengewoon. Dit kan ook gelden voor grote wezens uit andere tradities, zoals Jezus Christus.

Het Boeddhistische kloosterleven is waarschijnlijk in alle landen vergelijkbaar. Aangezien ik echter alleen het kloosterleven in Tibet heb meegemaakt, is dit de enige ervaring die ik kan delen. Het eerste dat we moeten weten is, dat als onze motivatie zuiver is, elk klooster ons zal verwelkomen om bij hen te blijven en dat we mogen blijven zolang we willen. Het tweede is dat als we niet in staat zijn om in ons eigen onderhoud te voorzien, er over het algemeen geen verplichting is om te betalen voor huisvesting, eten of andere kosten. Ik pleit er echter niet voor dat we een klooster binnengaan om te ontsnappen aan wereldse verantwoordelijkheden. Het is cruciaal dat onze motivatie oprecht is; en aangezien westerlingen naar Tibetaanse maatstaven doorgaans behoorlijk rijk zijn, is het niet meer dan normaal dat we vrijgevig zijn als we daartoe in staat zijn. Het zou verkeerd zijn om te profiteren van de

Zijne Eminentie Lobsang Trinley,
(1917 - 1999), mijn eigen hoofdleraar. Hij
heeft tijdens zijn leven en dood vele wonderen
verricht en voor mij was het levend bewijs
van de waarheid van verlichting.

vrijgevigheid van een klooster en dit zou alleen maar tot negatieve gevolgen kunnen leiden.

Ik ken veel mensen die denken dat ze niet het juiste niveau van studie
of kennis hebben om lid te worden van een klooster, maar dit is een
verkeerde veronderstelling. Zoals bij elke leerplaats hebben degenen
die een klooster bezoeken verschillende niveaus bereikt, variërend van
monniken of nonnen die gemakkelijk afgeleid worden in hun praktijk
tot degenen die een niveau van uitmuntendheid hebben bereikt. Een
verblijf in een Boeddhistisch klooster betekent niet noodzakelijk dat we

al onze tijd moeten besteden aan het bestuderen of beoefenen van het Boeddhisme. Hoewel we meestal verplicht zijn ons aan een strikte dagelijkse routine te houden en ons voorbeeldig te gedragen, is er ook veel tijd die we vrij kunnen gebruiken op een manier die het beste past bij onze eigen interesses en talenten. We kunnen bijvoorbeeld liever helpen de computers van het klooster te onderhouden dan de hele tijd te studeren.

Welke rol we ook spelen; er is geen kans dat we eenzaamheid of isolement zullen ervaren. In de Tibetaanse taal is er een woord dat vertaald kan worden als 'eenzaam', hoewel de meeste mensen niet helemaal begrijpen wat dit betekent, omdat ze zo onbekend zijn met deze ervaring. Eerlijk gezegd begreep ik zelf de betekenis van eenzaamheid of depressie niet totdat ik naar het Westen kwam.

Als we een kloosterleven overwegen, moeten we ons vertrouwd maken met de vele verschillende tradities van het kloosterleven die tegenwoordig in de wereld bestaan en ons afvragen welk type levensstijl het beste past bij onze spirituele ontwikkeling. Als we bijvoorbeeld Christelijk zijn opgevoed en een sterk geloof hebben in deze traditie, past het ons misschien het beste om lid te worden van een Christelijke kloosterorde. Als we ons intensiever willen concentreren op meditatie beoefening, kunnen de Thaise bostraditie van het Theravada-boeddhisme of de Zen-traditie goede opties zijn om te verkennen. Andere tradities leggen ondertussen meer nadruk op geleerdheid of gemeenschapsprojecten. Het kan zijn dat we ons aangetrokken voelen tot het lidmaatschap van een kloostergemeenschap in een vreemd land, maar het leren van een nieuwe taal is een aanzienlijke barrière. Leren gaat echter vanzelf als we eenmaal ondergedompeld zijn in een nieuwe taal en na enkele jaren is communicatie zelden een probleem.

Helaas is de westerse cultuur zich vaak niet bewust van de waarde van spirituele ontwikkeling en de voordelen van dit te ondersteunen, dus het kan moeilijk zijn om een authentiek pad te vinden dat financiëel ondersteund wordt. Een andere optie is om deel uit te maken van een groep of lekengemeenschap. Tegenwoordig bieden een aantal organisaties ondersteuning aan mensen die deze weg willen bewandelen. In plaats van gewaden te dragen en ons te houden aan de voorschriften van een gewijde monnik of non, leiden we een 'uiterlijk leven' dat vergelijkbaar is met dat van anderen, waarbij we ons inzetten voor de discipline van werk en gezinsleven. Maar ons innerlijk leven is anders; we kiezen voor vereenvoudiging en maken ruimte voor meditatie beoefening, bestuderen spirituele lessen en zetten onszelf in om deze lessen te belichamen in elk aspect van ons leven. We kunnen ook besluiten om tijd vrij te maken voor reguliere periodes van retraite.

We moeten niet vergeten dat het zoeken naar een 'authentiek pad' niet iets is dat lichtvaardig moet worden opgevat; er zijn veel 'spirituele leraren' die geweldige dingen beloven, maar met een zorgvuldige analyse kunnen we ontdekken dat het hun leringen aan authenticiteit ontbreken, of dat ze verwikkeld zijn in controverses of dat er een element van sekteachtig gedrag is. De taak om een geschikt en effectief pad te vinden vereist grote vaardigheid en onderscheidingsvermogen, zorgvuldige reflectie op onze eigen motivatie en grondige eerlijkheid. We moeten ons ook bewust zijn van onze neiging om gehecht te raken aan spirituele concepten of bepaalde verwachtingen, die ons kunnen afleiden van het behoorlijk aangaan van een spiritueel leven of van het vinden van een authentiek pad.

Er is geen garantie dat we niet op moeilijkheden en misverstanden zullen stuiten, ook al zijn we toegewijd aan een bepaald pad. We kunnen bijvoorbeeld mensen tegenkomen die ons nutteloos of verwarrend advies geven, of ontmoedigd raken als de mensen om ons heen niet in praktijk brengen wat ze beloven. In deze situatie is het cruciaal om te blijven controleren of onze motivatie oprecht is en te blijven vertrouwen op ons eigen gezond verstand en goede inschatting in plaats van blind vertrouwen. Als we ontdekken dat dat ene pad duidelijk niet bij ons past of ons niet ten goede komt, moeten we de moed hebben om tactvol en gracieus te vertrekken. We moeten vermijden overdreven kritisch te zijn of enige vorm van vergelding te zoeken, omdat we uiteindelijk onszelf schade kunnen berokkenen. Als onze motivatie puur en authentiek is en we ons hebben ingespannen om authentieke leringen te bestuderen, is het slechts een kwestie van tijd voordat we een authentieke leraar ontmoeten.

LEVEN ALS EEN LEEK

Veel mensen denken of dromen er zelfs over om afstand te doen van de wereld en een klooster binnen te gaan. Maar vaak vanwege verantwoordelijkheden die ze niet kunnen opgeven, zoals de zorg voor bejaarde ouders of kinderen, hebben ze het gevoel dat ze geen andere keuze hebben dan een leek te zijn. Desalniettemin, als iemands afstand nemen van de dagelijkse wereld sterk en puur is, kunnen ze misschien nog steeds in staat zijn bezittingen, carrière en gezin op te geven om volediger een spiritueel leven in te gaan. Dit was vaak het geval bij de meest uitzonderlijke boeddhistische monniken en ook bij de Boeddha zelf, die zijn luxe leven, zijn positie als troonopvolger, zijn vrouw en nieuwe zoon opofferde om de verlichting te bereiken. Dus als de aantrekkingskracht naar het kloosterleven sterk genoeg is, is mijn advies dat we er zeker voor moeten gaan.

Dit betekent echter niet dat we ons leven moeten wijden aan spirituele verworvenheden om gelukkig te zijn. Want als we ons niet kunnen vinden in dit idee, hebben we de keuze om een nieuwe partner te zoeken of alleenstaand te blijven. Zoals eerder vermeld, biedt het alleenstaande leven veel voordelen, met veel mogelijkheden om te studeren, te reizen, mensen te ontmoeten en verschillende interesses te ontdekken. Er staan veel deuren open en we hoeven zeker niet eenzaam te zijn. Door betrokken te raken bij lokale groepen of organisaties kunnen we ons onderdeel voelen van een gemeenschap en hier kameraadschap en vriendschap vinden. Maar als we er tevreden mee zijn een eenvoudig en vredig leven te leiden, hebben we niet per se doelen of activiteiten nodig om ons bezig te houden. Hoewel we misschien alleen zijn, zullen we nooit eenzaam zijn als we innerlijke tevredenheid vinden.

Wat als we altijd al hebben willen trouwen, maar er nooit in zijn geslaagd de juiste persoon te vinden? Vanuit een traditioneel Oosters oogpunt hebben we op deze leeftijd misschien 'de boot gemist', maar tegenwoordig trouwen mensen in elke levensfase en maakt leeftijd niet zoveel uit. Met een wijzer, meer volwassen perspectief met veel levenservaringen onder onze riem, zullen we waarschijnlijk verstandige beslissingen nemen als het gaat om relaties. Er zijn echter ook nadelen. Een oudere man die bijvoorbeeld met een jonge vrouw trouwt, kan zich onzeker en jaloers op jongere mannen voelen. Het belangrijkste om te onthouden is dat of we nu jong of oud trouwen, of helemaal niet; we nooit kunnen zeggen wat de betere bestemming is en welk pad ons het meeste geluk zou brengen. De omstandigheden die geluk brengen, worden van binnenuit gecultiveerd en mogen niet afhangen van het feit of we een partner hebben of niet.

EEN NIEUWE RELATIE?

Als we op deze leeftijd besluiten een partner te zoeken, zullen we veel levenservaring in de relatie kunnen brengen. We hebben misschien een of meer eerdere relaties gehad die zijn beëindigd en daar kunnen veel redenen voor zijn. Ongeacht de voorwaarden of omstandigheden die leiden tot het einde van deze relaties, de hoofdoorzaak is bijna altijd een gebrek aan onvoorwaardelijke liefde en compassie. Echte liefde en compassie zullen met de tijd niet afnemen, maar zullen in de loop van de jaren waarschijnlijk toenemen. Andere vormen van liefde zijn meer gebaseerd op aantrekkingskracht en vluchtige emoties - dit neemt onvermijdelijk af met de tijd omdat wijsheid en compassie ontbreken.

Als we ervaring hebben, moeten we nadenken over onze eerdere relaties en ons afvragen op welke fundamenten ze zijn gebouwd. Waren ze gebaseerd op zorg, begrip, compassie en respect, of waren ze gebaseerd op egocentrische behoeften en blinde aantrekkingskracht? We kunnen deze wijsheid gebruiken om een sterke basis te leggen voor een nieuwe relatie. In wezen moeten we controleren of we het vermogen hebben om vrijgevig, geduldig, attent en compassievol te zijn, of op zijn minst het belang ervan te erkennen. Deze innerlijke kwaliteiten bereiden ons goed voor op een gelukkige nieuwe relatie. Anders vallen we misschien terug in oude gewoonten en herhalen we de fouten uit ons verleden.

EEN RELATIE ONDERHOUDEN

Hoewel dit geen religieus boek is, zou ik graag een specifieke Boeddhistische tekst willen noemen, bekend als de Sigalovada Sutta, die een aantal eenvoudige en praktische wijsheid biedt over hoe een man en vrouw elkaar moeten behandelen. Kortom; het adviseert een man om hoffelijk, trouw en respectvol te zijn jegens zijn vrouw en in haar behoeften te voorzien, terwijl een vrouw trouw moet zijn aan haar man en zijn eigendom moet beschermen.

Deze tekst dateert natuurlijk uit de oudheid en gaat ervan uit dat de echtgenoot de belangrijkste inkomens verschaffer is. De situatie is tegenwoordig iets ingewikkelder, omdat vaak zowel man als vrouw een baan hebben. Hoewel wie de meeste huishoudelijke activiteiten zou moeten uitvoeren en wie de primaire bron van inkomenis, staat open voor discussie; er blijven de essentiële punten dat ze elkaar moeten respecteren, trouw zijn aan elkaar en voor elkaars behoeften zorgen, relevant tot deze dag.

Ik geloof ook dat het belangrijk is voor vrouwen en mannen om de fundamentele verschillen tussen hun geslachten te onderzoeken. Het is algemeen bekend in de westerse psychologie dat mannen en vrouwen de wereld op subtiel verschillende manieren zien. Het is waargenomen dat mannen over het algemeen meer gedreven worden door een gevoel van richting en doel, terwijl vrouwen meer ontroerd lijken door hun verlangen om liefde en energie met anderen te delen. Wanneer mannen met een probleem worden geconfronteerd, kunnen mannen geneigd zijn zich terug te trekken of een time-out te zoeken totdat ze een oplossing hebben gevonden, terwijl vrouwen veel liever over problemen praten, zelfs als dit het probleem niet oplost. Mijn eigen ervaringen hebben me ook geleerd dat de meeste vrouwen beter zijn in multitasken. Bewustwording van dit soort verschillen kan elke partner helpen om de sterke punten en beperkingen van de ander te herkennen en de huishoudelijke taken overeenkomstig te verdelen.

Hoe goed we de algemene verschillen tussen mannen en vrouwen ook begrijpen, we moeten nog steeds de specifieke persoonlijkheid en aard van onze partner begrijpen en dit vereist een goede, open communicatie. Het is maar al te gemakkelijk om het gedrag van onze partner verkeerd te interpreteren. Om te voorkomen dat je in deze valkuil valt, is het belangrijk om open en met pure intentie te kunnen bespreken waarom ze op een bepaalde manier handelt. Elk conflict zal gemakkelijker op te lossen zijn als we een sterke basis van goede wil hebben jegens onze partner en vooral als jullie allebei een conflict zien als een kans om samen te leren en te groeien.

Dit brengt ons weer terug bij het belang van pure of onvoorwaardelijke liefde in elk huwelijk of partnerschap. Pure liefde voor iemand hebben is haar/zijn geluk boven het onze plaatsen. Veel mensen zeggen dat ze met heel hun hart van iemand houden en zijn er dan kapot van als hun partner besluit de relatie te beëindigen. Ze beginnen misschien te zeggen dat ze hun voormalige partner haten en worden opgegeten door jaloezie of wrok. Dit is een voorbeeld van bezittelijke liefde in plaats van pure liefde. Als onze liefde daarentegen puur is, zouden we zelfs gelukkig voor haar/hem moeten zijn als hij/zij ons verlaten voor iemand anders als dit hen gelukkiger maakt. Telkens wanneer ik dit punt in openbare gesprekken maak, zijn veel mensen geschokt en aarzelen om het met mij eens te zijn. Maar pure liefde voor een ander mens betekent dat we oprecht het beste voor hem/haar willen, ongeacht het effect dat dit op ons heeft. Misschien denken we dat dit soort houding zichzelf tegenspreekt en dat het ons niet zal baten. Echter, van iemand houden met een echt pure motivatie zal onze relatie zeker sterker maken en door deze kwaliteit te cultiveren zal onze geest zich openen voor ware geluk.

JOUW KINDEREN BETER DAN JEZELF MAKEN

Iedereen houdt van zijn kinderen (op zeer zeldzame uitzonderingen na), maar vaak missen ouders de knowhow om ze effectief op te voeden. Helaas zijn er enkele ouders die de fysieke en emotionele basisbehoeften van hun kinderen verwaarlozen. Aan het andere uiterste zullen sommige ouders toegeven aan alle wensen van hun kind. Ik heb mensen vaak horen zeggen hoeveel ze van hun kinderen houden, zo veel zelfs dat ze geen nee kunnen zeggen en ze alles geven wat ze willen.

Hoewel deze ouders proberen aardig te zijn, doen ze hun kinderen in werkelijkheid echt kwaad. Het kind dat alles krijgt, zal vaak opgroeien met de verwachting dat het leven gemakkelijk zal zijn en dat het onmiddellijk kan krijgen wat het wil. Wanneer ze worden geconfronteerd met de realiteit van het leven, vooral wanneer ze worden geconfronteerd met teleurstelling en mislukking, hebben ze moeite ermee om te gaan omdat ze niet hebben geleerd door te zetten of geduldig te zijn. Ouders moeten hier niet al te verbaasd over zijn; je kunt immers niet een plant in een kas kweken, in een winterstorm buiten zetten en dan verbaasd zijn als hij het niet overleeft. Daarom is het van cruciaal belang om duidelijke grenzen te stellen en kinderen te leren hoe ze ontberingen kunnen overleven, terwijl ze hen tegelijkertijd oprechte liefde en compassie tonen.

Door consequent grenzen te stellen, zoals nee zeggen tegen tv-kijken of logeren en ze laten helpen met het huishouden, leren onze kinderen niet alleen dat het leven niet altijd gemakkelijk is, maar het geeft ze ook een structuur of ritme aan hun leven dat hen helpt zich veilig te voelen. Wanneer onze kinderen niet voortdurend te maken hebben met verandering en onzekerheid, zijn ze in staat om goed ethisch gedrag te ontwikkelen, niet omdat ze daartoe gedwongen worden, maar omdat ze het voordeel leren inzien van een goede, gedisciplineerde routine. Dit wordt ook een basis voor creativiteit, vertrouwen en vriendelijkheid in het bijzijn van anderen.

Stevige discipline en het stellen van grenzen zijn ook cruciaal als we onze kinderen op het 'middenpad' willen houden: ze mogen niet wegkomen met wat ze maar willen, maar ze mogen ook niet onder druk worden gezet om aan hoge verwachtingen te voldoen. Bovendien moeten we bij het voorbereiden van onze kinderen op de toekomst niet alleen praten over het geld dat we voor hen opzij hebben gezet of het huis dat we voor hen zullen kopen. Deze materiële hulp is zeker nuttig, maar van veel groter belang is om te investeren in de mentale en emotionele ontwikkeling van onze kinderen.

We moeten daarom de basisvoorwaarden voor geluk onthouden en deze aan onze kinderen leren: vooral eigenwaarde, compassie, zelfbeheersing en karaktersterkte. Door hen wijsheid en compassie bij te brengen door middel van verhalen, gesprekken en het voorbeeld van ons eigen handelen, zullen we hen zo goed mogelijk voorbereiden op toekomstig geluk en succes.

Het is belangrijk om deze kwaliteiten door alle leeftijden van de kindertijd aan te leren en onthoud dat het altijd de beste manier is om deze kwaliteiten zelf te demonstreren. In de eerste vier levensjaren zijn kinderen extreem gevoelig voor de emotionele omgeving waarin ze opgroeien, dus het belangrijkste is om onze kinderen volledige onvoorwaardelijke liefde te tonen. We moeten proberen ze het gevoel te geven dat ze echt speciaal zijn, door ze te vullen met een diep gevoel van innerlijke waarde. Tijdens de basisschooljaren moeten we de creativiteit, het harde werk en de hulpvaardigheid van onze kinderen aanwijzen en ondersteunen en al deze kwaliteiten aanmoedigen om tot bloei te komen. Dan kunnen we ze tijdens hun tienerjaren helpen zich een waardevol en bijdragend lid van het menselijk ras te voelen, wetende dat hun leven betekenis heeft, wat er ook gebeurt. Een tiener opvoeden is nooit gemakkelijk, want we worden verscheurd tussen het beste voor ze willen doen en leren erop te vertrouwen dat ze hun eigen weg zullen vinden. Onvoorwaardelijk van ze leren houden, ongeacht de keuzes die ze maken, kan zeker een grote uitdaging zijn.

Ten slotte is een van de belangrijkste lessen die we onze kinderen moeten leren, de schadelijke gevolgen van het gebruik van drugs, tabak en alcohol. Sommige ouders denken dat ze, omdat ze in hun jeugd misschien hebben gerookt of met drugs hebben geëxperimenteerd, niet het recht hebben om hun kinderen te leren dat niet te doen. Dit is niet waar : met je ervaring zal je jouw kinderen effectiever kunnen onderwijzen en proberen ze beter te maken dan jezelf. Onthoud echter dat als je problemen hebt met het beheersen van het gedrag van je kind, je er nooit alleen voor staat en dat er altijd hulp beschikbaar is.

OUDERS EN DE MOGELIJKHEID OM DANKBAARHEID TE TONEN

In deze fase van ons leven is het vrij waarschijnlijk dat de gezondheid van onze ouders achteruitgaat of dat ze misschien niet eens meer in leven zijn. Als ze een slechte gezondheid hebben, zullen ze waarschijnlijk een beroep doen op onze tijd en middelen. We kunnen worden opgeroepen om ze naar doktersafspraken te brengen, om te helpen met banen die ze niet meer kunnen doen, of ze willen misschien zelfs bij ons komen wonen zodat we beter voor ze kunnen zorgen.

In Tibet wordt verwacht dat kinderen in hun eigen huis voor hun ouders zullen zorgen als hun ouders ouder zijn. Hoewel de cultuur in het Westen anders is, is het toch belangrijk om onze ouders op de best mogelijke manier te behandelen. Op zeldzame uitzonderingen na zijn ze over het algemeen enorm aardig voor ons geweest en het is niet meer dan normaal dat we deze vriendelijkheid willen terugbetalen. Bedenk ook dat onze kinderen van ons voorbeeld zullen leren hoe ouders moeten worden behandeld. Als we het goede voorbeeld geven door op een vriendelijke en meelevende manier voor onze ouders te zorgen, is de kans groter dat onze kinderen hetzelfde voor ons doen.

Als ouders ouder worden en onze hulp nodig hebben, kan dit veel leed veroorzaken bij degenen die geen goede relatie met hen hebben gehad. Misschien hebben we het gevoel dat onze ouders nooit echt om ons hebben gegeven, of misschien waren het alcoholisten of drugsverslaafden. Misschien gaven ze ons niet genoeg aandacht of gaven ze ons geen goede opleiding of financiële steun. Of ze nu wel of niet fouten hebben gemaakt met onze opvoeding, het is nog steeds normaal dat ouders hun kinderen een gelukkig leven wensen. We kunnen dit begrijpen als we nadenken over onze gevoelens voor onze eigen kinderen.

Sinds ik in het Westen ben, ben ik veel mensen tegengekomen die niet gelukkig zijn met hun eigen leven en hun ouders hiervoor verantwoordelijk stellen. Ze schrijven hun falen om een succesvol leven te leiden toe aan het falen van hun ouders om voor hen te zorgen. Deze opvatting kan afkomstig zijn van sommige takken van de psychologie die ons vertellen dat de negatieve persoonlijkheidskenmerken van mensen sterk worden beïnvloed door hun opvoeding en heel moeilijk te veranderen zijn. Vanuit een Boeddhistisch oogpunt is dit niet helemaal waar. Niet elke uitkomst in het leven is het resultaat van ervaringen uit onze kindertijd. In plaats daarvan dragen we de zaden van ons lot in onszelf. Hoewel we ons misschien voelen 'vastzitten' in bepaalde gewoonten die we kunnen herleiden tot bepaalde gebeurtenissen in de kindertijd, kunnen we toch leren onze situatie te accepteren en degenen te vergeven die we de schuld zouden kunnen geven.

Laten we even aannemen dat onze ouders verantwoordelijk zijn voor de mislukkingen in ons leven. Zelfs als dit het geval zou zijn, heeft het geen voordeel om boosheid, haat of teleurstelling jegens hen te voelen, omdat deze negatieve emoties ons alleen maar schade zouden berokkenen. Zodra we ons ervan bewust zijn dat vasthouden aan woede absoluut niets oplevert, kunnen we leren om de reis die we hebben doorgemaakt met compassie te accepteren en voorwaarts te gaan in de richting van onze doelen en dromen. In plaats van boosheid te koesteren, onthoudt dat dankbaarheid een van de essentiële voorwaarden voor geluk is. We zullen natuurlijk dankbaarheid voelen als onze woede eenmaal overwonnen is, want de waarheid is dat alle ouders veel van hun kinderen houden en voor hen zorgen, ondanks hun onvolkomenheden. Door onze ouders dankbaar te zijn dat ze ons hebben opgevoed, cultiveren we geluk en innerlijke vrijheid in onszelf.

Onbevredigende banen en de valkuilen van het materialisme

Veel mensen die ik heb gesproken, lijken ongelukkig vanwege hun baan. Ze vertellen me dat ze constant gehaast en gestrest zijn, dat ze de mensen met wie ze werken niet mogen of dat ze zouden willen dat ze konden stoppen met werken. Hoewel er geen gemakkelijke antwoorden zijn, denk ik dat het nuttig kan zijn om goed te kijken naar onze motivatie om ons in te laten met ons specifieke werkveld. Worden we gemotiveerd door de wens om mensen te helpen of om iets te doen dat we echt leuk vinden of zinvol vinden? Of streven we er gewoon naar om vooruit te komen en veel geld te verdienen of een hoge status te bereiken? Is werk gewoon een karwei in plaats van een passie, niet meer dan iets om de rekeningen te betalen, ons gezin te voeden of andere belangen te ondersteunen?

Als we ons werk zien als een 'roeping' of een manier om onze unieke gaven met de wereld te delen, zullen we waarschijnlijk veel voldoening uit ons werk halen. Als we daarentegen worden gedreven door de wens om een groter huis te bouwen of die gewaardeerde promotie te krijgen, kan ons werk een obsessie worden, omdat we worden aangespoord door de wens om 'hoger of lager' te gaan. Ook al genieten we van wat we doen, de rest van ons leven zal er waarschijnlijk onder lijden. Stress of zelfs een burn-out is vaak het gevolg, want wat omhoog gaat, moet omlaag. Als alternatief, als ons werk niet meer is dan een karwei of verplichting, is het onwaarschijnlijk dat we echte voldoening zullen vinden. Het kan dus heel wat speurwerk vergen om iets anders te vinden dat trouw is aan ons diepste doel.

We moeten ons er ook van bewust zijn dat tevredenheid in ons werk weinig afhangt van het soort werk dat we doen. Werken als schoonmaker kan bijvoorbeeld een enorme betekenis voor ons hebben, vooral als we denken dat iedereen netheid waardeert en we een bijdrage leveren aan het leven van anderen. Daarentegen kunnen we als arts werken en ons gefrustreerd of verveeld voelen omdat onze patiënten nooit ophouden met klagen en we niet genoeg geld verdienen.

Als we ons werk echt niet leuk vinden, moeten we serieus heroverwegen waarom we het doen. Als het alleen maar is om geld te verdienen zodat we ons een rijke levensstijl kunnen veroorloven, dan is het logisch om ons leven te vereenvoudigen en ons verlangen naar materiële rijkdom te verminderen, door te kiezen voor een baan met minder uren. We hebben allemaal de neiging om te denken dat het verwerven van meer bezittingen ons gelukkiger zal maken, maar zelden kunnen we zien dat dit hetzelfde is als proberen dorst te lessen met zout water. Net zoals we nog dorstiger worden na het drinken van zout water, worden we steeds ontevredener als we alleen maar naar buiten kijken om ons gelukkig te maken. Een vriend van mij die als ingenieur werkt, vertelde me ooit dat hij niet gelukkig was omdat al zijn vrienden meer verdienden dan hij.

Ik zei dat het niet uitmaakt hoeveel hij betaald krijgt, iemand anders zal altijd meer verdienen. Het is niet gemakkelijk om tevreden te zijn met ons lot in het leven, en ik kan alleen maar wensen dat meer mensen de innerlijke vrijheid en gemoedsrust konden proeven die zo'n houding met zich meebrengt.

Het ontbreken van een echte of goede motivatie is zeker een reden om ongelukkig te zijn op het werk, hoewel een andere reden is dat we misschien niet genoeg ambitie of focus hebben. Aziaten kunnen soms meer dan veertien uur per dag werken om bijvoorbeeld snel een hypotheek voor een nieuwe woning af te lossen. Hun motivatie is misschien niet per se goed en hun leven is misschien niet 'gebalanceerd', maar toch zijn ze over het algemeen gelukkig omdat ze hun geest hebben getraind om een hoog niveau van focus en betrokkenheid te hebben. Ze zijn tevreden om hun hoofd neer te leggen en gewoon het werk te doen in plaats van zich zorgen te maken over vakanties, werkomstandigheden of andere verwachtingen. Ze hebben het gewoon te druk om verdrietig of depressief te zijn.

Dit soort arbeidsethos lijkt misschien onevenwichtig vanuit een westers oogpunt. Tot op zekere hoogte is dit waar, maar we moeten niet vergeten dat ambitie, vastberadenheid en focus indirecte oorzaken zijn van een bepaald niveau van geluk en daarom enige waarde hebben. We hebben echter een meer evenwichtige kijk nodig om hogere niveaus van geluk te bereiken.

VRIJHEID, LIJDEN EN VERGANKELIJKHEID

In het Boeddhisme spreken we veel over vrijheid van lijden. Dit idee wordt echter vaak verkeerd begrepen, vooral in de moderne wereld. Er zijn verschillende soorten vrijheid. De eerste is externe vrijheid, zoals vrijheid van meningsuiting en vrijheid om te leven zonder angst voor vervolging. Dit soort vrijheid ontbreekt op veel plaatsen in de wereld.

Bijna alle westerse landen hebben het geluk dit soort vrijheid te hebben, hoewel we dit zelden echt waarderen.

De tweede soort vrijheid is de individuele vrijheid, die door veel mensen in het postmoderne Westen zeer hoog wordt gewaardeerd. Bij dit soort vrijheid denken we: 'Ik heb het recht om dit te doen of het recht om dat te bezitten'. We zijn dan ook trots op het idee van volledige vrijheid van individueel gedrag, ofwel autonomie.

Hoewel het belangrijk is om onze eigen keuzes te maken over hoe we leven en handelen, is dit eigenlijk geen echte vrijheid. Een dergelijke houding zorgt ervoor dat we ons nauw concentreren op ons eigen welzijn en als gevolg daarvan creëren we afstand tussen onszelf en anderen bijvoorbeeld onze vrienden of buren. We kunnen mensen zelfs helemaal vermijden of niet reageren op anderen omdat we ons zo zorgen maken over 'het respecteren van hun vrijheid". Als een jonge man er bijvoorbeeld voor kiest om te gaan roken of zich op een manier te gedragen die hem duidelijk schade berokkent, kunnen we gewoon denken: 'Dat is oké, hij is vrij om op deze manier te handelen als hij dat wil'. Dit is geen echte vrijheid, maar een nutteloze houding die uiteindelijk tot eenzaamheid zal leiden. Dit is een veelvoorkomend probleem in de moderne wereld en iets waar we allemaal serieus over moeten nadenken.

Wat we ons misschien niet realiseren, is dat valse vrijheid in het Westen heel moeilijk te herkennen is, omdat het voortkomt uit eeuwenlange culturele gewenning. In Aziatische landen bijvoorbeeld kunnen mensen met elkaar vechten, maar meestal zijn ze in staat om conflicten op te lossen en daardoor zelfs naar elkaar toe te groeien. Door echter conflicten te vermijden onder het voorwendsel de rechten van een ander te respecteren, is het gemakkelijk voor ons om afstandelijk te worden en ons minder bewust te worden van het welzijn van anderen.

Echte vrijheid daarentegen is essentieel voor geluk. Dit betekent niet dat we kunnen doen wat we willen wanneer we maar willen, maar eerder dat we onze emoties en verlangens kunnen beheersen, zodat we kunnen beslissen hoe we in elke situatie moeten reageren en kunnen kiezen hoe we ons leven willen leiden zonder te worden gedreven door emotionele conflicten. Vanuit een Boeddhistisch perspectief betekent dit dat we vrij worden van karma, of vrij van de kracht van onze vroegere gewoonten en handelingen. Als we vrij zijn van karma, worden we, in welke situatie we ook tegenkomen, niet beheerst door onze emoties en gewoonten. Dan zijn we echt vrij.

Zelfs als we geen Boeddhist zijn, geeft het kunnen beheersen van onze gedachten en emoties ons een grote vrijheid. Zoals ik al eerder heb gezegd, zijn het niet externe gebeurtenissen die bepalen hoe gelukkig we zijn, maar eerder hoe we erop reageren. Daarom, omdat onze gedachten en emoties zo'n grote rol spelen bij het bepalen van ons geluksniveau, is het uiterst waardevol om er zelfs maar een beetje controle over te hebben.

Naarmate we ouder worden, hebben we meer ervaringen in het leven, zowel goede als slechte. Tegen de tijd dat we dit stadium hebben bereikt, zijn we waarschijnlijk getuige geweest van lijden in een of andere vorm, misschien door de dood van een geliefde of het einde van een relatie. We zullen daarom weten dat we, ondanks de beste gezondheidszorg, de beste verzekering en alle inspanningen van de wereld, dood, ziekte, veroudering of de vele andere dingen in het leven die onvermijdelijk lijden met zich meebrengen, nooit kunnen stoppen. De aard van het leven is zijn vergankelijkheid. Het verandert voortdurend in zowel goede als slechte opzichten.

Als we stevig vasthouden aan onze gevoelens en aan de mensen om ons heen, dan creëren we een wereld die gebaseerd is op ons eigen lijden en dat van de mensen om ons heen. Dit is wat de Boeddha al die jaren geleden besefte. Sommige mensen worden erg depressief als ze dit beseffen en denken: 'Nou, wat heeft het voor zin? Omdat het leven lijden is, kan ik het net zo goed nu opgeven'.

De Boeddha liet ons echter zien dat er een manier is om uit de cirkel van lijden te breken en dit is om onze gehechtheid los te laten. Dit geldt zowel voor negatieve omstandigheden en emoties zoals woede of haat, als voor plezierige omstandigheden en emoties die ons plezier bezorgen, zoals romantische liefde. We moeten ons realiseren dat deze zullen komen en gaan en hoewel we nog steeds van plezierige emoties kunnen genieten, lijden we als de omstandigheden veranderen als we ze te stevig vasthouden. In plaats daarvan moeten we ernaar streven de vrijheid te bereiken die hoort bij een vredige, gelukkige en meelevende geest, die niet op deze of die manier wordt beïnvloed door de grillen van emoties en verlangens.

OEFENING - LEREN VAN LEVENSERVARING

We hebben inmiddels veel levenservaring verzameld en we kunnen veel waardevolle lessen leren als we diep nadenken over wat ons leven ons heeft geleerd. Dit kan ons er zelfs toe aanzetten sommige van onze prioriteiten opnieuw te evalueren.

Denk eerst aan een persoon met wie je in het verleden een relatie had. Dit hoeft niet per se een partner te zijn; het kan een vriend, een ouder of misschien een collega zijn. Wat was je motivatie om in de relatie te zijn? Is het gelopen zoals je had verwacht? Hoe succesvol was je in het overwinnen van moeilijkheden? Hoe open was je communicatie? Misschien kun je, als er een periode van grote moeilijkheden was, opschrijven wat je je herinnert. Dit kan je helpen het verleden te accepteren en verder te gaan.

Denk dan aan een baan die je in het verleden hebt gehad en stel jezelf soortgelijke vragen. Wat was je motivatie om dit soort werk te doen? Wat heb je nog meer geleerd van je ervaringen?

Kijk nu naar je huidige situatie. Stel jezelf de vraag: 'Hoe kan ik de lessen die ik heb geleerd toepassen? Hoe kan ik mijn leven zo wijs mogelijk leiden?'

Ga rechtop zitten met je ruggengraat recht en je handen in je schoot, span je lichaam aan en laat het dan helemaal ontspannen. Vraag jezelf eerlijk af of er iets is dat je in deze fase van je leven wilt veranderen, en denk er dan over na hoe je dit voor elkaar kunt krijgen.

De leeftijd
van wijsheid

In deze periode, de vijfde levensfase, zullen er enorme verschillen zijn in de omstandigheden waarmee mensen worden geconfronteerd, dus of deze periode van leven vreugdevol is of niet, hangt echt af van hoe we het leven zien en van hoe breed of beperkt onze percepties zijn. Het is een tijd waarin we veel van de verplichtingen van het leven afronden en ook in het reine komen met veel van de uitdagingen waarmee we in ons leven te maken hebben gehad. Voor sommigen zorgen hun uiterlijke omstandigheden voor een nieuw begin. Ze zijn eindelijk in staat om met pensioen te gaan, de wereld rond te reizen of meer tijd door te brengen met dierbaren. Voor anderen kan deze levensfase worden gekenmerkt door verlies: verlies van een echtgenoot, verlies van een rol in de samenleving na het stoppen met werken of verlies van een goede gezondheid. Ongeacht onze situatie; op deze leeftijd komen we in een levensfase waarin zelfreflectie en het vinden van zingeving belangrijk zijn. Door dit te doen, kunnen we leren inzien dat elke vorm van verlies in feite een kans kan zijn voor spirituele groei en inzicht.

De menselijke natuur hecht veel waarde aan prestatie, competitie en het verwerven van dingen en we hebben waarschijnlijk in de loop van ons leven naar veel dingen gestreefd. We hebben waarschijnlijk hard gewerkt om geld te verdienen, een huis en andere bezittingen te verwerven, een succesvolle carrière te behouden en lof van anderen te winnen.

Zelfs op deze leeftijd blijven veel mensen naar zulke dingen streven. Denk goed na over het leven dat we voor onszelf hebben opgebouwd. Lijken de dingen waar we zo hard voor hebben gewerkt echt zinvol? Lijkt ons leven zinvol voor ons? Hebben we innerlijke zekerheid ontwikkeld? Denk hier eens over na in de context van ouder worden. Hoewel we misschien hard hebben gewerkt en veel dingen hebben bereikt, is ons lichaam al die tijd langzaam en onvermijdelijk achteruitgegaan. Op deze leeftijd zullen we beseffen dat we de onvermijdelijkheid van de dood niet langer kunnen ontkennen—wat we ook doen, er is geen ontsnapping mogelijk. Heeft het nog zin om op dezelfde manier door te gaan met ons leven? Of is het misschien tijd om wat veranderingen door te voeren en nieuwe prioriteiten te stellen?

Ik denk dat de meeste mensen zullen beseffen dat veel van de dingen waarmee ze hun leven hebben gevuld niet langer dezelfde betekenis hebben nu ze ouder worden. Dit hoeft echter geen deprimerende gedachte te zijn en we moeten geen eindeloze uren besteden aan spijt hebben van hoe we onze tijd en energie hebben besteed. In plaats daarvan kunnen we dit begrip gebruiken als een kans om onze gehechtheid aan veel van de dingen die we niet langer belangrijk vinden te verwijderen, wat dan de rijkdom van innerlijke tevredenheid ontwikkelt. Dit kan een hele nieuwe wereld openen en het kan ons ook de kans geven om meer aandacht aan onze geest te besteden.

Het is zeker niet te laat om onze geest te ontwikkelen en we hoeven geen monnik of non te worden of elke dag uren te mediteren om dit te bereiken. In deze fase van ons leven, zoals in elke andere fase, is het het belangrijkste om na te denken over onze houding en acties in ons dagelijks leven. We zullen ontdekken dat er veel eenvoudige dingen zijn die we kunnen implementeren om onze innerlijke kwaliteiten te ontwikkelen en ons eigen geluk te bevorderen, hoe goed of slecht onze kwaliteit van leven dan ook mag zijn.

VERLIES EN VERGANKELIJKHEID

Zoals eerder vermeld, zien veel mensen deze leeftijd als het begin van achteruitgang en het uiteindelijke verlies van dingen die ze belangrijk vinden. Het is gemakkelijk om onszelf voor de gek te houden door te denken dat we de wereld om ons heen kunnen beheersen, door te geloven dat we kunnen vertrouwen op goede medische zorg en verzekeringen als er iets misgaat. Maar dit is gewoon niet waar. Ook al naderen we de dood vanaf het moment dat we geboren zijn, vaak wordt dit ons pas duidelijk als we onze eigen sterfelijkheid onder ogen zien en soms kan het een behoorlijke schok zijn. We komen ook tot het besef dat het tijdstip van overlijden niet vaststaat, dat we er nooit zeker van kunnen zijn dat we nog een jaar zullen leven, of we nu een tiener of een negentigjarige zijn.

Psychisch lijden kan het gevolg zijn van elke vorm van verlies, zoals het verlies van een geliefde, het verlies van een baan, het verlies van status of het verlies van gezondheid. Al deze verliezen kunnen ons veel leed bezorgen als we ze niet realistisch bekijken. Dus dan hebben we een keuze. We kunnen ofwel onbeheersbaar lijden als onze omstandigheden veranderen en onze dierbaren sterven, of we kunnen leren accepteren dat alles vergankelijk is, dat ouderdom, ziekte en dood slechts een natuurlijk onderdeel van het leven zijn en geen samenzwering tegen ons. Dan kunnen we ons realiseren dat stevig vasthouden aan iets uiteindelijk alleen maar tot lijden leidt. Door vergankelijkheid te erkennen en te accepteren, kunnen we een geheel nieuwe kijk op het leven ontwikkelen en ons voorbereiden op verlies, waardoor we een gelukkige en vredige gemoedstoestand kunnen behouden, ongeacht onze externe omstandigheden.

DE DOOD VAN EEN ECHTGENOOT

Voor veel mensen is de dood van een echtgenoot of echtgenote de meest verwoestende gebeurtenis die in hun leven zal gebeuren. Hoewel ik nooit getrouwd ben geweest, denk ik dat ik enig begrip heb van een verlies van deze omvang. In mijn jeugd verloor ik zowel mijn vader als mijn broer en in de Tibetaanse cultuur zijn de banden tussen vader en zoon of tussen twee broers bijna net zo sterk als de band tussen man en vrouw. Daarom wil ik het kort hebben over hoe we met zo'n groot verlies kunnen omgaan.

Als een dierbare sterft, moeten we proberen buiten ons eigen beperkte gezichtspunt te kijken. Hoewel de dood van iemand die dicht bij ons staat en het lijden dat het veroorzaakt een monumentale gebeurtenis is, is de dood van elk wezen een onvermijdelijk onderdeel van het grotere plan van ons leven. Hoewel het vandaag onze vrouw is die is overleden, kan het morgen de man van onze vriend of het kind van onze buurman zijn. Hoewel we overmand worden door een staat van ongeloof en shock wanneer onze geliefde sterft, zullen we, als we diep nadenken, begrijpen dat iedereen op een gegeven moment zal worden getroffen door de dood van iemand die dicht bij hen staat.

Normaal lijden we enorm omdat we onze omstandigheden vergelijken met die van andere mensen, van wie we denken dat ze veel meer geluk hebben dan wij. Het enige verschil is echter het tijdstip waarop het ongeluk ons overkomt, niets anders. Als we hier zorgvuldig over nadenken, zal ons verdriet verminderen, omdat we ons natuurlijke instinct kunnen overwinnen om onze benarde situatie met die van anderen te vergelijken. Een nog krachtigere aanpak is om compassie op te wekken. Wanneer we ons echt realiseren dat we allemaal dezelfde worstelingen doorstaan, omdat we allemaal op een bepaald moment in ons leven verdriet en verlies ervaren, dan zal onze eigen pijn verminderen als we leren om het vanuit dit veel bredere perspectief te bekijken.

Natuurlijk zal de dood van iemand die dicht bij ons staat ons meer raken dan de dood van een vreemde en het is niet meer dan normaal dat we zulke sterke gevoelens hebben voor onze eigen familie. Maar uiteindelijk moeten we niet vergeten dat de dood elk levend wezen zal treffen en als we dit echt ter harte nemen, zou dat niet zo verwonderlijk moeten zijn. Een verhaal uit het leven van de Boeddha illustreert dit punt:

Er was eens een jonge vrouw wiens eerstgeborene ziek werd en stierf toen ze ongeveer een jaar oud was. Door verdriet overmand smeekte ze iedereen die ze ontmoette om een medicijn dat het kind weer tot leven zou brengen. Ze kreeg echter te horen dat de enige persoon die dit wonder kon verrichten de Boeddha was. Toen ze eindelijk de Boeddha ontmoette en hem haar verhaal vertelde, zei hij haar een mosterzaadje mee te brengen uit elk huis in haar dorp waar nog nooit een dode was gevallen. Het duurde echter niet lang voordat ze besefte dat de taak die de Boeddha haar had gesteld niet kon worden vervuld. Elk huishouden had de dood meegemaakt; niet slechts één keer, maar sommigen van hen ontelbare keren. Dus uiteindelijk nam de jonge vrouw voor de laatste keer afscheid van haar kind en keerde terug naar de Boeddha zonder het mosterzaadje. Ze had haar les geleerd. Niet alleen zij leed door de dood, de dood overkomt iedereen - het is een natuurlijk onderdeel van het leven.

Het boeddhistische idee van reïncarnatie kan ook nuttig zijn bij het omgaan met verlies en verdriet, omdat het ons geruststelt dat complete dood niet bestaat. Hiermee bedoel ik niet dat onze dierbaren altijd bij ons zijn en over ons waken, wat de indruk is die we van sommige helderzienden op televisie kunnen krijgen. Dit concept is beperkt, omdat het de indruk kan wekken dat we alleen verbonden zijn met dezelfde familie of voorouders, in plaats van de enorme en steeds veranderende levenscyclus waarin we zijn ingebed te herkennen.

Door te zeggen dat er geen volledige dood is, verwijs ik naar het idee dat elk wezen een eindeloze reeks levens doormaakt. Net zoals het fysieke continuüm dat we het universum noemen door de tijd gaat, zo gaat ook de mind-stream van alle wezens. Net zoals een bloem vele 'incarnaties' doormaakt, wanneer hij sterft en zijn zaden een nieuwe bloem voortbrengen, kunnen we op een vergelijkbare manier over ons eigen mentale continuüm spreken. Wanneer we sterven, houden het grove fysieke lichaam en de grove geest op te bestaan. De subtiele geest van een persoon, die de afdrukken van al zijn goede en slechte daden bevat, gaat echter door. Ik zal dit in het volgende hoofdstuk verder bespreken.

Wat dit allemaal betekent, is dat de tijd die we met onze echtgenoot hebben doorgebracht niet meer is dan een paar momenten in onze oneindige reis. We zijn als vreemden geweest die elkaar in de kroeg of in een restaurant ontmoetten; we hebben wat tijd samen doorgebracht en van elkaar geleerd, maar dan moeten we scheiden, zoals natuurlijk is. De geest van onze geliefde moet doorgaan naar zijn volgende leven, op dezelfde manier als we moeten doorgaan met ons eigen leven.

Ik ontmoet soms mensen die vele jaren geleden een dierbare hebben verloren en sindsdien hebben ze niet kunnen stoppen met aan deze persoon te denken, stilstaand bij hoeveel ze van hem hielden en hoe erg ze hem missen. Soms denken ze dat ze, door zo stevig vast te houden aan de herinnering aan deze persoon, ze hun geliefde eren en bewijzen hoeveel ze van hem hielden. Dit is niet waar. Door zo stevig vast te houden aan deze herinnering doen ze zichzelf pijn, en dit is duidelijk niet nuttig voor onszelf of de mensen om ons heen.

Laat me echter duidelijk zijn, ik zeg niet dat we onze dierbaren moeten vergeten, maar in plaats daarvan moeten we de geweldige tijden die we samen hebben doorgebracht herinneren en waarderen in plaats van zo vast te houden aan herinneringen dat we onszelf pijn doen door niet verder te gaan. Als een mooie bloem sterft als de winter komt, accepteren we dit als natuurlijk. Het zou nogal vreemd zijn als iemand zou huilen en lijden omdat ze dit niet konden accepteren. Dus als we diep nadenken, is de dood van een persoon ook gewoon een natuurlijk onderdeel van het leven. Ieders leven zal ooit eindigen, en op een dag ook dat van ons.

Toen ik in 2009 in Nieuw-Zeeland was, ontmoette ik een dame wiens man net was overleden. Ze was eenentachtig jaar oud en was vele jaren getrouwd met haar man, en hield zielsveel van hem. Toch kon ze na zijn dood nog een gelukkig bestaan leiden. Ze kon nog steeds met plezier en dankbaarheid praten over de tijd die ze samen hadden doorgebracht, maar ze besefte ook dat hij moest doorgaan naar zijn volgende leven en dat ze nog steeds in dit leven moest leven. Van bijzonder belang was echter dat ze ook vermeldde dat haar man kort voordat hij stierf een behoorlijk moeilijke tijd had doorgemaakt, maar dat hij uiteindelijk een diep gevoel van vrede en welzijn kon vinden voordat hij uiteindelijk stierf. Misschien was het de moedige en accepterende houding van zijn vrouw die hem daarbij had geholpen.

FALENDE GEZONDHEID

Een ander verlies dat veel mensen rond deze tijd ervaren, is het verlies van een goede gezondheid. Voor sommige mensen is het moeilijk om te zien hoe hun gezondheid achteruitgaat, vooral als ze in het verleden veel waarde hechtten aan hun jeugd en vitaliteit. Maar afnemende gezondheid is een onvermijdelijk onderdeel van het leven. Vanaf het moment dat we worden geboren, verliest ons fysieke lichaam aan vitaliteit; en vanuit het Boeddhistische perspectief maken we ons geleidelijk klaar om ons lichaam weer te laten vervangen. Denk aan een oude auto, of een oude televisie; als het kapot gaat, proberen we het eerst te repareren. Als het zo kapot gaat dat het niet meer te repareren is, moeten we een nieuwe halen. Evenzo, wanneer ons lichaam onherstelbaar kapot gaat, hebben we het gevoel dat we een nieuw lichaam nodig hebben.

Een slechte gezondheid herinnert ons er ook aan om dankbaarheid te oefenen. We kunnen dankbaar zijn dat we in een welvarend land wonen met goede gezondheidsvoorzieningen en mensen die zijn opgeleid om voor ons te zorgen. Bedenk dat er veel mensen op deze wereld zijn die overlijden aan een kleine ziekte of op jonge leeftijd, puur omdat er geen dokter of ziekenhuis voor hen beschikbaar is. Mijn eigen vader stierf bijvoorbeeld op negenenveertig jarige leeftijd aan een verdraaide darm. Er was maar één dokter in ons dorp, die een verkeerde diagnose stelde van de toestand van mijn vader en hem wat medicijnen gaf terwijl hij echt een operatie nodig had. Ik leerde pas vele jaren later dat met een kleine operatie zijn leven gemakkelijk gered had kunnen worden. Ik voelde me enkele jaren daarna woedend en extreem teleurgesteld, wetende dat mijn vader een rijk en zinvol leven had kunnen leiden als Boeddhistische beoefenaar.

Dus hoe ging ik om met deze gevoelens? Ik had eigenlijk geen keus. Ik besefte dat het er niet toe deed hoe boos of overstuur ik me voelde over de dood van mijn vader, omdat dit hem niet tot leven zou brengen. Ik begreep ook dat mijn negatieve emoties hem niet zouden helpen en dat ze me uiteindelijk alleen maar schade zouden berokkenen. Als Boeddhist geloofde ik ook dat het mijn karma was om mijn vader op zo'n jonge leeftijd te verliezen. Dit is echt een andere manier van zeggen dat we de dingen zouden moeten accepteren die we niet kunnen veranderen. Ik vond het ook belangrijk om te doen wat ik kon om de nagedachtenis van mijn vader te eren en aangezien hij altijd had gewild dat ik monnik zou worden, deed ik dit. Ik was van tevoren nooit geïnteresseerd geweest om monnik te zijn, dus het was zijn dood die me de inspiratie gaf om de richting van mijn leven te veranderen.

VERLIES VAN EEN BAAN

Het einde van ons beroepsleven kan komen door onze eigen keuze, bijvoorbeeld wanneer we met pensioen gaan, of door de wil van anderen, als we worden ontslagen of als we merken dat er geen vraag meer is naar onze vaardigheden. De meeste mensen vinden de eerste optie prachtig, terwijl de tweede als minder prettig wordt ervaren. Ze komen echter in feite op hetzelfde neer en veroorzaken voor mensen hoe dan ook dezelfde problemen.

Veel mensen dromen er jarenlang van om met pensioen te gaan en als dit dan eindelijk gebeurt, voelen ze een diep gevoel van verlies en verdriet. Plotseling gaan ze zichzelf vervelen, met niets te doen. Ik denk dat dit grotendeels komt omdat ons werk in de moderne wereld nauw verbonden is met onze identiteit en ons gevoel van eigenwaarde en voor veel mensen is het ook een statussymbool.

Maar vraag jezelf af: is het echt zo belangrijk? Reflecteer hier even op. Misschien geeft het zijn van de grote baas, het vergaren van veel geld en het hebben van veel mensen onder ons ons een goed gevoel over onszelf. Dit betekent echter niet dat we een goed mens zijn; het is eerder waarschijnlijk geworteld in gehechtheid aan het plezierige gevoel van macht en eigenbelang. Door deze emoties te voeden, ketenen we onszelf eraan vast, wat vervolgens leidt tot lijden wanneer onze omstandigheden veranderen, wat onvermijdelijk zal gebeuren. Als we ons niet zo vastklampten aan deze emoties, zou er waarschijnlijk veel minder verdriet op ons pad komen.

Vaak vinden mensen dat ze te veel vrije tijd hebben als ze stoppen met werken. Wat veel mensen zich echter misschien niet realiseren, is dat deze vrije tijd ons een kostbare kans kan geven om onszelf te ontwikkelen en onze innerlijke natuur te ontdekken, waarbij we ons inspannen om alle goede eigenschappen die we eerder hebben genoemd, te cultiveren. Vaak, wanneer mensen op jonge leeftijd overlijden, vertrekken

ze in een tijd dat ze bezig waren met het jongleren met eindeloze verplichtingen, zoals het opbouwen van een carrière of het opvoeden van
kinderen. In de zestig- en zeventig-jarige leeftijd hebben we het geluk
dat we nu de tijd en gelegenheid hebben, zonder dat zoveel externe dingen die ons afleiden en waardoor we ons meer op ons innerlijke leven
kunnen concentreren. We zullen elke dag genoeg te doen hebben als we
ons concentreren op onze geest en innerlijke ontwikkeling. In het begin
moeten we misschien veel tijd en moeite aan deze taak besteden, maar
al snel zal het veel leuker en bevredigender worden dan het kijken naar
soapseries of het spelen van bingo.

Dus hoe kunnen we deze innerlijke kwaliteiten ontwikkelen? Anderen helpen is een fundamenteel begin. Er zijn veel verschillende manieren om dit te bereiken, bijvoorbeeld door vluchtelingen een taal te
leren, mee te helpen in een gaarkeuken of vrijwilligerswerk te doen als
telefonisch hulpverlener. Door betrokken te raken bij dit soort activiteiten hebben we niet het gevoel dat we te veel vrije tijd hebben en door
anderen te helpen zullen we toenemende geluk in ons leven ervaren.

Een actief, liefdadig leven kan ook worden ondersteund door een regelmatige verbintenis om 'de geest in wijsheid te trainen'. Dit kan je
vermogen om anderen te helpen nog effectiever maken. Je zou boeken
over psychologie, religie of filosofie kunnen lezen en erover nadenken
en de ideeën die je leert, toepassen op je eigen leven, of deze ideeën met
anderen bespreken. Dan zal je, naast de geneugten van een altruïstisch
leven, de vreugde ontdekken van een scherpe, wijze geest. Ten slotte,
aangezien wetenschappers nu geloven dat zelfs oudere mensen nieuwe
hersencellen kunnen genereren door de geest te trainen, kan een regelmatige toewijding aan studie of contemplatie een krachtige manier zijn
om de leeftijdsgebonden geheugenstoornis te vertragen die helaas zo
veel ouderen treft.

Als we ons zorgen maken dat we niet slim genoeg zijn om urenlang
boeken te lezen om onze wijsheid te vergroten, is het nuttig om te we-

ten dat er een groot verschil is tussen wijs en intelligent zijn. Een wijs persoon hoeft niet per se een goede opleiding of een belangrijke baan te hebben; in plaats daarvan hebben ze misschien gewoon een aangeboren praktisch begrip van wat belangrijk is in het leven en het is waarschijnlijk dat ze van nature gewoon een aardig persoon zijn. Er zijn veel verhalen in Tibet van mensen die een extreem eenvoudig leven leidden en geen enkele formele opleiding genoten, maar die altijd bekend stonden om hun vriendelijkheid en wijsheid.

Hoe kunnen we zoals deze mensen zijn? De sleutel is om voortdurend na te denken en te wensen dat alle anderen gelukkig en vrij van lijden zullen zijn, net zoals een goede moeder niets anders wil dan het beste voor haar kind. Als we altijd een warm hart kunnen hebben en aan elk individu kunnen denken als ons liefste kind tijdens het lopen, praten, slapen, eten of wat voor activiteit dan ook, dan zullen we na verloop van tijd ons eigen belang vergeten en zullen we ons natuurlijk blijer en wijzer voelen. Zelfs als we te moe of te ziek zijn om anderen echt te helpen, is het belangrijkste dat we onze geest trainen om bedachtzaam en vriendelijk te denken. Dan twijfel ik er niet aan dat we geleidelijk een aardiger, wijzer en gelukkiger mens zullen worden.

FINANCIËN

Op deze leeftijd is de focus van de meeste mensen natuurlijk weggedreven van het verdienen van geld. Dit is een goede zaak voor ons geluk! Ik wil echter nog steeds geld noemen, omdat de manier waarop we ons geld en bezittingen op deze leeftijd gebruiken nog steeds belangrijk is en helaas zijn er nog steeds veel valkuilen waar we in kunnen trappen. Een van deze valkuilen is gierig zijn. Sommige mensen willen aan niemand geld uitgeven behalve aan zichzelf, terwijl anderen zo gierig zijn dat ze niet eens geld aan zichzelf willen uitgeven. Hoe zinloos is het om na een leven van hard werken nooit iets uit te geven!

Als we een redelijk bedrag hebben gespaard, hoe moeten we dat dan uitgeven? In dit stadium zullen we waarschijnlijk uit ervaring hebben geleerd dat geld ons waarschijnlijk niet gelukkig zal maken, hoewel het zeker van groot voordeel kan zijn als we het verstandig gebruiken. Laten we zeggen dat we € 5.000 te besteden hebben. We kunnen ervoor kiezen om op vakantie te gaan naar een tropisch eiland of we kunnen dit geld doneren aan een arm gezin en misschien het leven redden van iemand die geopereerd moet worden. We geven vaak geld uit aan een dure vakantie of een nieuwe auto omdat we verandering willen, ons ontevreden voelen of ons vervelen met onze huidige situatie. Dit lijkt op dat moment misschien erg aantrekkelijk, maar het zal niet leiden tot blijvende geluk. Een ander levend wezen helpen door genereus te zijn, zal ons daarentegen een onmiddellijk gevoel van welzijn geven en zal ook een zaadje voor toekomstige geluk in onze geest planten.

Dit betekent echter niet dat we al ons geld moeten weggeven, bijna niets voor onszelf overlaten en dan schulden aangaan om cadeaus voor anderen te kopen. Een van mijn vrienden vertelde me dat veel mensen in Australië met Kerstmis veel geld uitgeven aan cadeaus voor hun familie en vrienden, soms veel meer dan ze zich echt kunnen veroorloven. Hun motivatie is misschien goed, maar dit soort vriendelijkheid is vaak onpraktisch en ontbreekt aan wijsheid, vooral als ze moeite hebben om de eindjes aan elkaar te knopen. Schulden hebben kan onze vrijheid enorm beperken, maar deze vorm van lijden kan meestal worden voorkomen als we verstandig omgaan met onze uitgaven.

Hoewel het belangrijk is om vrijgevig te zijn en anderen te helpen, is het ook cruciaal om eerlijk te zijn over onze situatie en duidelijk te proberen te zien hoeveel we ons kunnen veroorloven. We moeten ons afvragen hoe we onze rijkdom het meest effectief kunnen gebruiken, rekening houdend met alle omstandigheden. Dit bedoel ik met wijsheid. Onthoud ook dat vrijgevig zijn niet alleen materiële geschenken betekent. Het geschenk van onze tijd, liefde en zorg, bijvoorbeeld door te helpen met koken of schoonmaken op eerste kerstdag, is net zo belangrijk en wordt net zo gewaardeerd door de mensen om ons heen.

Eenzaamheid en intolerantie

Veel mensen zijn bezorgd of zelfs bang dat ze eenzaam zullen worden naarmate ze ouder worden. Er zijn verschillende praktische dingen die we kunnen doen om eenzaamheid te voorkomen. Als we kunnen, kunnen we betrokken raken bij mensen in onze gemeenschap die hulp nodig hebben. We kunnen beginnen met het onderwijzen van een taal aan migranten, vrijwilligerswerk doen op een school, of ontdekken hoe we onze vaardigheden en expertise kunnen gebruiken om vrijwilligersorganisaties zoals het Rode Kruis te helpen, of misschien onze plaatselijke kerk of tempel.

Als we fysiek niet in goede conditie zijn, maar onze geest sterk is, dan kunnen studie en spirituele oefening een zeer lonende manier zijn om onze tijd door te brengen. Zoals kluizenaars die op lange retraites gaan, zullen getuigen, kunnen we ons ongelooflijk dicht bij anderen voelen als we mediteren op compassie en we kunnen ook een goede innerlijke focus ontwikkelen. Hoewel we misschien alleen zijn, betekent dit niet dat we ons eenzaam moeten voelen.

Betrokken raken bij gemeenschaps of religieuze groepen is een goede manier om nieuwe mensen te ontmoeten en met velen van hen zullen we bevriend raken. Sommigen van hen kunnen echter op onze tenen gaan staan. Ik noem dit om de kwestie van onverdraagzaamheid aan de orde te stellen, wat volgens mij een belangrijke reden is waarom mensen in het Westen vaak eenzaam zijn. In de westerse cultuur lijken veel mensen veel waarde te hechten aan hun 'persoonlijke ruimte' en 'persoonlijke vrijheid', en willen ze alleen omgaan met mensen met vergelijkbare ideeën en compatibele persoonlijkheden; dit werpt echter barrières op.

Het eerste punt dat ik wil maken, is dat geen bepaald gewoonte- of persoonlijkheidstype beter is dan een ander. Dit is gewoon gewoonte-denken van onze kant en we moeten leren tolerantie jegens iedereen te oefenen, of we ze nu meteen leuk vinden of irritant vinden. Het is heel gewoon om iemand te ontmoeten en een sterke aanvankelijke afkeer van hem te voelen, maar na verloop van tijd gaan we hem aardig vinden en waarderen. Dit betekent niet dat de persoon zijn inherente aard heeft veranderd; het betekent eerder dat onze geest zijn perceptie van hen heeft veranderd.

Een andere veelvoorkomende manier waarop intolerantie een probleem wordt is, wanneer we fysieke of emotionele barrières om ons heen creëren. Hiermee bedoel ik dat we onbedoeld barrières kunnen creëren door stevig vast te houden aan het idee dat een bepaalde ruimte of een bepaalde tijd voor ons alleen is. We kunnen bijvoorbeeld denken dat iemand die onze deur opent of iemand die ons bezoekt zonder enige kennisgeving, een inbreuk is op onze persoonlijke ruimte. Hoe anders is dit dan in Tibet! Toen ik in kloosters in Tibet woonde, maakte het niet uit of ik probeerde te studeren, me probeerde aan te kleden of me zelfs probeerde te wassen, de andere monniken waren vaak thuis in mijn kamer en gingen door mijn bezittingen. Ik voelde me niet geërgerd of geïrriteerd, omdat dit een normaal onderdeel van de cultuur was. Interessant genoeg, na een paar jaar in het Westen te hebben gewoond, als iemand me nu bezoekt zonder kennisgeving of mijn deur opent, heb ik het gevoel dat dit niet zo gepast is.

Helaas creëert ons concept van persoonlijke ruimte vaak afstand tussen mensen en als we ver weg zijn, is de kans groter dat we eenzaam worden. Als we in een volledig open omgeving zouden leven zonder persoonlijke grenzen, zouden we elkaar gemakkelijk op de zenuwen kunnen werken. Aan de andere kant kan het loslaten van de houding dat we persoonlijke ruimte 'nodig' hebben, leiden tot hechtheid en tolerantie voor elkaar. Ik moet bekennen dat ik niet echt wist wat eenzaamheid was totdat ik naar het Westen kwam. Ik dacht dat eenzaamheid hetzelfde was als verveling. Nu ik weet hoe wijdverbreid het probleem is, vind ik het vooral belangrijk om mensen te helpen de nadelen te zien van gehechtheid aan hun persoonlijke ruimte.

Op dit punt zou ik een persoonlijk voorbeeld willen gebruiken om een punt over tolerantie te illustreren. In een klooster waar ik vroeger woonde was een monnik met een zeer opvliegend karakter die snel boos werd als andere monniken hem onderbraken of grappen met hem maakten. De andere monniken zouden er dan doelbewust op uit zijn hem keer op keer te ergeren, omdat het zo gemakkelijk was om hem boos te maken. Dit klinkt misschien wreed, maar na verloop van tijd werden zijn temperament en zelfbeheersing veel beter, omdat hij zich realiseerde dat zijn woede niets opleverde en hij gelukkiger was als hij tolerantie jegens anderen beoefende.

Tolerantie strekt zich niet alleen uit naar andere mensen. We hebben heel weinig controle over wat er in ons leven gebeurt, dus we zullen onvermijdelijk geconfronteerd worden met veel externe gebeurtenissen die we liever niet onder ogen zien. Als we onverdraagzaam zijn, zullen we het moeilijk vinden om vrede te bereiken, omdat deze gebeurtenissen tot woede en verdriet zullen leiden en onze goede wil aantasten.

Als alternatief kunnen we elke situatie die ons frustreert en elke persoon die we vervelend vinden gebruiken als een kans om tolerantie te oefenen. We kunnen dit elke dag doen totdat het een gewoonte wordt. Maak jezelf eerst vertrouwd met de voordelen om op deze manier te handelen en de nadelen van het niet doen en pas het dan als een ritueel toe, zodat je voortdurend tolerantie in de praktijk brengt. Je zult worden beloond met meer liefdevolle relaties en een geest zo vredig als een wolkenloze blauwe lucht.

DANKBAARHEID

Dankbaarheid is een andere positieve mentale kwaliteit die we elke dag kunnen oefenen. Er is een heel goede reden om dit te doen, want als we anderen dankbaar zijn, voelen we ons zelf gelukkiger. Dit is niet alleen een Boeddhistische overtuiging; uit psychologische studies is ook gebleken dat dankbaarheid een factor is die bijdraagt aan menselijke geluk.

Soms als ik dit tegen mensen zeg, antwoorden ze dat ze te ongelukkig zijn om dankbaar te zijn. Ze vertellen me dat ze eenzaam zijn, weinig geld hebben of geen goede band met hun kinderen hebben en daarom niets hebben om dankbaar voor te zijn. Dit is nooit waar, want er is altijd iets om dankbaar voor te zijn als we het maar kunnen herkennen. Toen ik bijvoorbeeld naar Australië kwam, was het de eerste keer dat ik een telefoon in huis had. (Wat een geweldige uitvinding!) Ik kon ineens vanuit mijn eigen huis met mensen aan de andere kant van de wereld praten. Ik was de persoon die dit had uitgevonden zo dankbaar. Nu denk ik hetzelfde over internet, over vliegen in een vliegtuig, en zelfs over plakband als ik iets aan mijn muur moet plakken. Om nog maar te zwijgen van de vele mensen die elke dag helpen om eten op mijn tafel te zetten en degenen die het geschenk van hun vriendschap aanbieden.

Sommige mensen accepteren deze redenering misschien niet en denken bij zichzelf: 'Ik moet nog steeds voor veel van deze dingen betalen, dus waarom zou ik dankbaar zijn?' Iemand moest echter nog steeds het vliegtuig, de telefoon en het plakband ontwerpen en bouwen zodat ik ze kan gebruiken. Als ik de rijkste man ter wereld was maar niemand de telefoon had uitgevonden, dan zou ik niet met mensen op een ander continent kunnen praten. Bovendien moeten we niet vergeten dat er veel dingen zijn om dankbaar voor te zijn, die met geen geld kunnen worden gekocht, zoals de vriendelijkheid van familie en vrienden of de natuurlijke schoonheid van de wereld om ons heen.

Door dankbaarheid te voelen voor dingen in ons dagelijks leven zijn we in staat om geluk in onszelf te cultiveren. Dit maakt ons mentaal sterker en stelt ons in staat om beter om te gaan met veel van de problemen van het leven, waaronder veroudering, verlies en uiteindelijk de dood. Het is echter belangrijk om te onthouden dat dankbaarheid twee kanten heeft. Het is heerlijk als we dankbaar kunnen zijn voor alles en iedereen om ons heen; we moeten echter oppassen dat we niet aan deze dingen gehecht raken. Als dit gebeurt, proberen we ze vast te houden en lijden onvermijdelijk wanneer ze worden weggenomen. Het is moeilijk om echt te begrijpen hoe we dingen kunnen waarderen zonder eraan gehecht te zijn, maar dit is een cruciale vaardigheid die we moeten beheersen als we een gelukkig en zinvol leven willen leiden.

Onthoud dat alles goede en slechte punten heeft, inclusief de telefoon, het vliegtuig en het plakband. Onze telefoonrekeningen zijn misschien duur, onze vlucht kan vertraging oplopen en we kunnen het einde van het plakband misschien niet vinden. Maar als we niet dankbaar zijn voor wat we hebben, trainen we onze geest om stil te staan bij de negatieve punten en zullen we uiteindelijk ontevreden worden. We zullen nooit echt gelukkig zijn, omdat het onmogelijk is om altijd alles te hebben wat we wensen. In wezen, hoewel de wereld gevuld is met veel lijden, zijn er ook veel wonderen. Dankbaarheid cultiveren betekent niet dat we de wereld door een roze bril moeten zien, maar dat we deze vele wonderen moeten leren waarderen voor wat ze zijn.

Oefening: Reflecteren op vergankelijkheid

Denk aan een aantal van de verliezen en veranderingen die je in deze periode in je leven hebt meegemaakt, en denk na over de volgende gedachten:

- *Wat er ook geboren wordt, wordt oud en sterft.*
- *Wat is bijeen gebracht, zal worden verspreid.*
- *Wat is verzameld, zal worden uitgeput.*
- *Wat is opgebouwd, zal instorten.*

Op dezelfde manier, vriendschap, vijandschap, geluk en verdriet, alle gedachten die door onze geest gaan - alles verandert altijd.

Herinner jezelf eraan dat vergankelijkheid gewoon de waarheid is van hoe het leven is, en daarom is het enige wat we nu echt hebben, het heden.

Hoe kan dit begrip je helpen om te gaan met het verlies van een dierbare?

Hoe kan het je kijk op de verschillende soorten verliezen waarmee we worden geconfronteerd veranderen - het verlies van dierbaren, het verlies van een baan, het verlies van alles wat ons dierbaar is?

Het kan ook helpen om te onthouden dat veranderingen niet per se tot ongeluk leiden. Soms kunnen ze je enorm ten goede komen, ook al is dit in het begin misschien niet duidelijk.

Denk na over al deze vragen, ga zitten met je rug recht, voel je lichaam ontspannen en haal een paar keer diep en rustig adem. Welke lessen heeft de waarheid van vergankelijkheid voor jou?

Voorbereiding voor het vertrekken uit dit leven

De zesde levensfase is de laatste en meest vitale kans voor zelfrealisatie. Ik zal in dit hoofdstuk directer over spiritualiteit praten, omdat spirituele oefening op deze leeftijd voor de meeste mensen veel belangrijker is dan ooit tevoren. Het maakt niet uit wat er in ons verleden is gebeurd. Het heeft geen zin om spijt te hebben van hoe we ons leven tot nu toe hebben geleefd. We moeten niet vergeten dat we nog steeds de mogelijkheid en het vermogen hebben om aan onze geest te werken en geluk te bereiken. Het belangrijkste is dat in deze fase van het leven, zonder uitzondering, iedereen de kans heeft om zich voor te bereiden op een vreedzame dood en deze cruciale tijd te gebruiken als een kans voor zelfrealisatie.

Aangezien mijn opleiding in het Boeddhisme is, zal ik voornamelijk vanuit een Boeddhistisch oogpunt spreken. In de westerse cultuur zijn er echter twee andere belangrijke gezichtspunten die in veel opzichten even geldig zijn: het theïstische gezichtspunt, voornamelijk afkomstig uit de Christelijke traditie en het seculiere gezichtspunt, welke wetenschap omvat en gewoonlijk een atheïstisch of agnostische zienswijze aanneemt.

Vanuit Christelijk of theïstisch oogpunt kunnen we ons voorbereiden op de dood door eigenschappen van liefde en compassie te ontwikkelen, zodat we 'dicht bij God' kunnen komen. We worden ook aangemoedigd

om een oprechte welgemeende bekentenis af te leggen van al onze negatieve daden, wetende dat het nooit te laat is om om vergeving te vragen
en ware vrede te vinden als we oprecht zijn. We kunnen ontberingen en
lijden accepteren als de 'wil van God', en dit stelt ons in staat een staat
van innerlijke vrede, kalmte en vertrouwen te vinden. Er is ook een begrip dat een goed mens naar de hemel zal gaan als gevolg van zijn of
haar goede daden en geloof.

Vanuit seculier oogpunt zijn er veel mensen die geen specifieke verwachtingen hebben van het leven na de dood. Dit kan een zeer nuttige
houding zijn, omdat het ons ervan kan weerhouden vast te houden aan
ideeën en concepten die misschien nutteloos blijken te zijn, wat leidt tot
minder angst en meer innerlijke rust. Wat we ook geloven, we zullen
door levenservaring hebben ontdekt dat vriendelijkheid, compassie en
een goed hart essentiële eigenschappen zijn die elk aspect van ons leven voeden. Negatieve houdingen daarentegen brengen alleen onszelf
en anderen schade toe. Daarom is het logisch om ons op deze positieve
eigenschappen te concentreren wanneer we dicht bij de dood zijn en
ons best te doen om al onze negativiteit los te laten. Voor degenen die
er sterk van overtuigd zijn dat we na onze dood niet meer bestaan, kan
dit in sommige opzichten ook een nuttige houding zijn, omdat het ons
kan helpen beseffen hoe ongelooflijk kostbaar dit leven is en ons kan inspireren om optimaal gebruik te maken van de tijd die we nog hebben.

Nu zal ik het hebben over enkele concepten vanuit het Boeddhistische oogpunt, waarvan ik denk dat ze nuttig kunnen zijn voor iedereen,
ongeacht hun religieuze of culturele achtergrond. Ik hoop dat je zult
zien hoe deze principes zich verhouden tot je eigen geloofssysteem en ze
vervolgens op je eigen leven kunt toepassen.

KARMA

Wie de bal kaatst kan hem terug verwachten.
- Traditioneel spreekwoord -

Met onze gedachten maken we de wereld.
- Boeddha -

Zoals u zaait, zult u oogsten.
- Jezus Christus -

～

De meeste mensen, zowel Boeddhisten als niet-Boeddhisten, zijn al bekend met het concept van karma. Om er echter zeker van te zijn dat we het duidelijk begrijpen, zou ik een paar analogieën willen gebruiken. Stel je voor dat we een kuip hebben gevuld met helder water en dan doen we er wat vuil in. Het water zal troebel worden. Op dezelfde manier is onze geest als dat heldere water en elke actie of gedachte die we hebben, zal in onze geest worden geprent. We moeten begrijpen dat wat we ook denken, zeggen of doen afhangt van de geest, aangezien onze acties beginnen met de geest en eindigen met de geest. De geest is daarom als een koning en het lichaam en de spraak zijn als zijn dienaren, die alles uitvoeren wat de geest instrueert. Dus wat we ook doen, wordt in de geest geprent. Volgens het Boeddhisme zijn geest en spraak afhankelijk van het fysieke lichaam en zijn daarom tijdelijk en vernietigbaar, terwijl de subtiele geest niet afhankelijk is van fysieke materie en daarom blijft bestaan nadat we sterven. Om deze reden hebben we het idee van doorlopende levenscycli, waarbij de afdrukken in de geest van het ene leven naar het volgende doorgaan.

Een andere analogie is een bank. Als we geld verdienen door hard te werken, zetten we dit op een bank en later, wanneer we dit geld nodig hebben, wacht het daar op ons. Evenzo, wanneer we een positieve gedachte hebben of een positieve actie ondernemen, bouwen we verdienste op voor onze toekomst; wanneer we echter op een negatieve manier denken of handelen, nemen we deze verdienste weg en als we een aanzienlijk bedrag wegnemen, zullen we uiteindelijk de schuld moeten terugbetalen.

Karma is een fundamenteel concept voor het Boeddhisme, maar zelfs als we geen spirituele overtuigingen hebben, is het nog steeds op ons van toepassing. Als we iets onaardigs of onnadenkends doen jegens een persoon, heeft dit twee onaangename gevolgen. Ten eerste zal die persoon een hekel aan ons hebben en ten tweede zullen we spijt hebben. We merken dit in het begin misschien niet op, maar onderhuids zullen we altijd wat spijt in ons hart hebben, dat uiteindelijk naar de oppervlakte zal komen. Aan de andere kant, zoals psychologische onderzoeken nu laten zien, zullen we ons blijer voelen in onszelf als we aardig zijn voor iemand, en de andere persoon zal ook eerder aardig voor ons zijn. Het enige echte verschil tussen deze simpele feiten en wat Boeddhisten geloven, is het idee dat we het karma dat we in dit leven hebben opgebouwd, meenemen naar ons volgende leven.

Hoe worden onze toekomstige levens gecreëerd door ons karma? Als we altijd heel vrijgevig zijn, zullen we allereerst merken dat de mensen om ons heen in ruil daarvoor vrijgevig voor ons zijn. We merken misschien zelfs dat veel mensen die we nog nooit hebben ontmoet ook vrijgevig voor ons zijn, dus financiële en andere vormen van succes zijn gemakkelijk te vinden. De meesten van ons zouden dit waarschijnlijk geluk noemen, maar Boeddhisten zouden zeggen dat deze gunstige uiterlijke omstandigheden eigenlijk het resultaat zijn van onze eerdere goede daden of karma in dit leven of in vorige levens. Aan de andere kant, als we momenteel slechte externe omstandigheden hebben, komt dit door slecht karma waar we aan werken. Dit is gebaseerd op het idee dat alles onderling afhankelijk is en daarom is niets willekeurig, zelfs niet wat we normaal beschouwen als 'geluk' of 'ongeluk'.

Daarom moeten we ons niet ontmoedigd voelen als onze omstandigheden slecht zijn en we moeten ook niet trots zijn als onze omstandigheden gunstig zijn. De persoon die het 'goede leven' leidt, verbruikt in feite goed karma uit zijn of haar karmabank, terwijl de persoon die ontberingen ervaart, slecht karma opgebruikt of 'zuivert'. Ze hebben allebei de mogelijkheid om goede omstandigheden voor zichzelf te creëren in hun huidige en toekomstige leven door goede acties uit te voeren.

LIJDEN EN REINIGING

Lijden is voor boeddhisten nauw verbonden met karma. Boeddha verklaarde dat lijden de eerste waarheid in het leven is: als we willen leven, moeten we lijden. We weten dit al in ons leven omdat dingen onvermijdelijk fout gaan. We ervaren liefdesverdriet en we verliezen mensen en de dingen waar we om geven. Dus als we de externe gebeurtenissen die lijden veroorzaken niet kunnen vermijden, wat kunnen we dan doen om het te overwinnen? Het antwoord is dat we moeten begrijpen dat de grondoorzaken van lijden te vinden zijn in onze eerdere negatieve emoties en negatieve acties. Door ons bewust te zijn van deze waarheid, kunnen we leren om gezonde gemoedstoestanden op te wekken en de gedachten en emoties die door onze geest razen te observeren en accepteren, in plaats van er stevig aan vast te houden. Door dit proces kunnen we ons huidige niveau van lijden verminderen en geleidelijk, stap voor stap, het lijden helemaal wegnemen.

Het eerste dat we moeten begrijpen, is dat lijden door onszelf wordt gecreëerd, door onze eigen geest en door niemand anders. De uiterlijke omstandigheden waarvan we denken dat ze lijden veroorzaken, zijn in feite secundaire omstandigheden en deze zijn het resultaat van karma. Dit betekent niet dat we onszelf de schuld moeten geven van onze externe omstandigheden— schuld is niet belangrijk en ook niet nuttig. In plaats daarvan moeten we de redenen voor onze externe omstandigheden begrijpen en deze vervolgens aanpakken.

Dus als zowel huidig als toekomstig lijden een gevolg is van negatief karma, wat kunnen we er dan aan doen? Zijn we veroordeeld om de gevolgen van onze acties uit het verleden te doorleven, of kunnen we deze situatie veranderen?

Gelukkig is het mogelijk om ons karma uit het verleden te zuiveren, zolang we hier oprecht over zijn. Dit kan toekomstig lijden voorkomen en kan ook onze ervaring van lijden tijdens het stervensproces verminderen. Om iets dat vies is te wassen, hebben we zeep en water nodig. Als we negatief karma wegwassen, hebben we vier voorwaarden nodig:

1. **Spijt:** er moet oprechte acceptatie worden gegenereerd voor alle conflicten of problemen die je gedurende je leven hebben gekweld, samen met spijt voor het kwaad dat je mogelijk hebt begaan. Dit omvat alles wat je je niet herinnert uit dit leven en misschien zelfs incidenten uit vorige levens. Het vermogen om alles te onthouden is niet zo belangrijk als de kracht en echtheid van de gevoelens die je opwekt. Je kunt denken: 'Hier ben ik, dit ben ik. Ik heb niets te verbergen; Ik accepteer mezelf volledig en ik erken eerlijk al mijn tekortkomingen'. Vergeet niet om spijt niet te verwarren met schuldgevoelens of ongezonde schaamte, want het idee is om openlijk je negatieve neigingen te uiten zonder zelfkritisch te zijn. Je geeft jezelf toestemming om elk deel van wie je bent als mens te accepteren en dan alles los te laten wat je neerslachtig maakt.

2. **Het tegengif toepassen:** dit betekent dat je er hard naar moet streven om goede daden te verrichten en gezonde gemoedstoestanden te cultiveren, aangezien dit deel uitmaakt van het zuiveringsproces. Genereer compassie voor anderen en vraag om vergeving op wat voor manier dan ook voor jou zinvol is, vraag of bid om hulp om je negatieve karma weg te wassen. Veel mensen vinden het nut-

tig om te denken in termen van overgave aan een 'hogere macht', of het nu God, Boeddha of het natuurlijke menselijke potentieel voor goedheid is. Als je de dingen vanuit dit perspectief bekijkt, zul je misschien merken dat je degenen tegen wie je een wrok hebt gehad kunt vergeven, openlijk kunt spreken met degenen die afstandelijk zijn geworden, of zelfs langdurige conflicten kunt oplossen. Het belangrijkste resultaat van deze oefening is echter de transformatie van je eigen gemoedstoestand.

3. **Oplossing:** dit betekent dat je oprecht vastbesloten moet zijn om niet dezelfde acties of gewoonten te herhalen die ervoor hebben gezorgd dat je negatief karma hebt gemaakt of in een staat van emotioneel conflict hebt geleefd. Het belang hiervan kan niet worden overschat. Je vastberadenheid moet zo zijn dat zelfs als je leven op het spel staat, je zou weigeren deze actie te plegen of nog een keer op deze manier te denken. Er wordt gezegd dat een sterke en oprechte vastberadenheid krachtig genoeg kan zijn om vele levens van negatief karma te zuiveren. Dit hangt niet af van de hoeveelheid tijd die je besteedt aan het denken op deze manier, maar van de oprechtheid en kracht van je inzet.

4. **Intensiteit:** ten slotte moet je een hoge mate van focus hebben om intens na te denken over alle negatieve acties die je ooit hebt gepleegd en om alle dingen die je wilt veranderen echt te erkennen. Je kunt vurig bidden dat dit alles wordt weggewassen. Er zijn duizenden formele gebeden in het boeddhisme, en ook veel in het christendom en andere religies, maar als je geen formele gebeden kent, kun je gewoon zeggen wat uit het hart komt. Het maakt niet uit wat je zegt, als het maar authentiek en oprecht is. Dan is het enorm krachtig.

Het lijden dat wordt ervaren bij het sterven kan groot zijn. Het mentale lijden van een persoon is echter vaak veel groter dan zijn of haar fysieke lijden. Door te leren hoe je negatief karma kunt zuiveren, kan de ervaring van mentaal lijden sterk worden verminderd. Zelfs fysiek lijden, hoewel we er nog steeds doorheen gaan, zal ons niet zo zwaar belasten als het ooit zou hebben gedaan. We kunnen nog steeds lijden ervaren, maar het zal ons niet overweldigen.

De westerse psychologie heeft de verschillende stadia geïdentificeerd die we doormaken nadat we hebben ontdekt dat we een terminale ziekte hebben of wanneer we worden geconfronteerd met onverwacht slecht nieuws. Deze omvatten: ontkenning dat er in de eerste plaats iets mis is, woede of frustratie dat dingen niet gaan zoals we willen, en vervolgens depressie en verlies van vertrouwen als we zien dat we gevangen zitten in iets waar we geen controle over hebben. Ten slotte, hoewel niet alle mensen dit stadium bereiken, kunnen we een staat van vreedzame en oprechte acceptatie bereiken, leren om alle worstelingen die we hebben doorgemaakt los te laten en het leven met een hernieuwd gevoel van diepte en wijsheid te bekijken. Als we de waarheid van lijden begrijpen en hard werken om ons karma te zuiveren, kunnen we veel eerder dit stadium van vrede en acceptatie bereiken.

Een laatste punt is dat als we ziek en moe zijn, het belangrijk is om het lijden dat daarmee gepaard gaat te accepteren in plaats van te proberen ertegen te vechten of onszelf te dwingen om met de buitenwereld om te gaan. Het accepteren van het lijden bevrijdt ons ook van het schuldgevoel dat we niet langer kunnen voldoen aan eerdere verplichtingen en verantwoordelijkheden, wat alleen maar onnodige pijn toevoegt aan het lijden dat we al doormaken. De moderne cultuur is zo gericht op vooruitkomen en bezig blijven, dat het vaak moeilijk is om onszelf echt toestemming te geven om naar ons lichaam te luisteren en te rusten wanneer dat nodig is. Dit geldt voor mensen in elke levensfase, maar vooral tegen het einde van het leven, wanneer velen van ons voor de eerste keer worden gedwongen om 'af te remmen'.

COMPASSIE

Als iemand ongelukkig is en een probleem heeft, raad ik hem vaak aan om compassie te beoefenen. Ze kunnen antwoorden: 'Ik ben zelf zo ongelukkig, hoe kan ik ooit compassie hebben met anderen?' Deze manier van denken lijkt te suggereren dat compassie gelijk staat aan sympathie of medelijden voelen voor anderen, en dat we meer zullen lijden als we hun lasten op ons nemen. Maar in feite treedt lijden meestal op wanneer we de gevoelens van anderen negeren en verstrikt raken in onze eigen trots en ijdelheid. Daarom kan het genereren van oprechte compassie met anderen een zeer effectieve manier zijn om ons eigen lijden te verminderen.

Hoewel het ongelooflijk heilzaam kan zijn om compassie te beoefenen, hebben veel mensen een beperkt idee van wat compassie eigenlijk is, omdat ze denken dat het betekent dat we medelijden hebben met anderen terwijl we een gevoel van ongemak hebben. De logische conclusie zou wel eens kunnen zijn: Compassie met een ander doet me lijden en daarom moet ik niet aan het lijden van een ander denken'. Toch is dit een zeer beperkte manier van denken, aangezien oprecht compassie altijd hand in hand gaat met wijsheid en ons daarom nooit zou moeten laten lijden of zwak zou moeten maken. Waarom is dit zo? Oprecht compassie betekent dat we de oorzaken van lijden begrijpen en begrijpen hoe elk levend wezen, te beginnen bij onszelf, het potentieel heeft om lijden te overwinnen. Door mentaal het lijden van anderen op ons te nemen, kunnen we een sterke en moedige geest ontwikkelen die ons beschermt tegen het ervaren van lijden.

Laat me een voorbeeld geven van hoe we compassie kunnen combineren met wijsheid. Als iemand een persoon neerschiet of zijn bezittingen steelt, dan is het normaal gesproken gemakkelijk om compassie te hebben met degene die geld of zelfs zijn leven heeft verloren, en om boos te zijn op de persoon die het misdrijf heeft gepleegd. Maar door compassie te combineren met wijsheid, kunnen we beseffen dat beide objecten van compassie zijn. Ten eerste lijdt de persoon die geld heeft verloren als gevolg van vele factoren, waaronder zijn eerdere negatieve karma, terwijl degene die de misdaad heeft begaan dit doet onder controle van kwellende emoties en in de toekomst nieuw lijden voor zichzelf creëert als een gevolg van zijn actie (die in toekomstige levens zelfs kan toenemen). Op deze basis kan compassie in gelijke mate worden uitgebreid tot alle levende wezens, zowel vrienden als vijanden.

Dit soort compassie probeert niet alleen het lijden van anderen te begrijpen, maar maakt ons ook klaar om te handelen om hun lijden te verlichten. Het is geweldig als we in staat zijn om anderen te helpen, maar zelfs als we niet kunnen helpen, moeten we onszelf toestaan te onthouden dat compassie ons zeker zal helpen. Het lijden van anderen begrijpen is ons eigen lijden verminderen, omdat we ons realiseren dat we allemaal door soortgelijke worstelingen gaan en dat het geen zin meer heeft om ons op onze eigen problemen te concentreren. Net als rimpelingen die zich verspreiden wanneer een steen in een vijver wordt gegooid, kan compassie ook degenen helpen met wie we omgaan, zoals vrienden en familie. Dit kan een katalysator zijn voor het opbouwen van vrede tussen onszelf en anderen en ook onder andere mensen die ons voorbeeld zien en er nota van nemen. Wie weet hoe ver de rimpelingen van onze compassie zich zullen verspreiden?

DE ANGST VOOR DOODGAAN OVERWINNEN

Dood gaan is net als andere kleren aan doen
- Zijn heiligheid de Dalai Lama -

Over het algemeen hebben mensen de neiging om niet aan de dood te denken, maar vroeg of laat moeten we beseffen dat het onvermijdelijk is. Naarmate we ouder worden, kunnen we een verhoogde angst voor de dood krijgen, een angst die gebaseerd is op drie hoofdfactoren. Ten eerste is er de angst om dierbaren en bezittingen te verliezen, samen met de angst voor vernietiging. Dan is er de angst voor de fysieke pijn van het sterven. Ten slotte moeten we de angst onder ogen zien om de gevolgen van wandaden die we mogelijk hebben begaan onder ogen te zien, dit gaat vaak gepaard met een diep gevoel van spijt. Al deze angsten kunnen worden overwonnen, als we weten hoe.

Vanuit een Boeddhistisch oogpunt is gehechtheid de bron van lijden en moet daarom worden opgegeven. Als we gehecht zijn aan onze dierbaren, kan de angst die we hebben om ze te verliezen ons veel leed bezorgen. Om deze angst te verlichten, is het erg nuttig om aan iedereen te denken met wie we in dit leven te maken hebben, zelfs degenen die het dichtst bij ons staan, alsof ze zijn als mensen die we op straat tegenkomen of figuren die in een droom verschijnen. Als we uitzoomen, in het grotere geheel, zijn het allemaal gewoon passerende kennissen.

Dit betekent echter niet dat we onze dierbaren nooit meer zullen ontmoeten. Want als we onze gehechtheid loslaten, is de kans juist groter dat we ze in een gunstige situatie weer tegenkomen. Dit komt omdat de positieve interacties die we met hen hebben gehad, gebaseerd op vriendelijkheid en vrijgevigheid, ons zeker weer bij elkaar zullen brengen als de omstandigheden gunstig zijn. Hoewel we afscheid moeten nemen van al onze dierbaren, kunnen we ons echt verheugen op de dood als we het zien als een nieuw begin dat wacht om zich te ontvouwen. En dit wordt gemakkelijker gemaakt als we eenmaal in staat zijn onze gehechtheid aan ons oude leven te verminderen.

We kunnen ook een diepgewortelde angst hebben voor fysieke pijn. Als reactie hierop kan het helpen om te beseffen dat niet iedereen een pijnlijke dood meemaakt. Veel mensen sterven in feite pijnloos en met een werkelijk vredige geest. Als we pijn ervaren, is het nuttig om een sterke geest en een houding te ontwikkelen die pijn moedig accepteert, in plaats van er met angst of afkeer naar te kijken. Wat nog belangrijker is, we moeten ons ervan bewust zijn dat de pijn die we ervaren een manier kan zijn om enorme hoeveelheden negatief karma te zuiveren, vooral als we in staat zijn een deugdzame gemoedstoestand te behouden. Als we ziek zijn, is de ervaring van pijn vaak een teken dat ons lichaam aan het genezen is. Het is nuttig om op dezelfde manier te denken wanneer ons lichaam de overgang naar een nieuwe geboorte doormaakt.

Ten tweede is het van cruciaal belang dat de geest niet alleen bezig is met de pijn of zich eraan hecht. Zelfs als we het ervaren, hangt hoe goed we ermee omgaan af van hoeveel we onze reactie op het gevoel van pijn, dat vaak overweldigend is, kunnen loslaten. Het is daarom nuttig om te leren hoe we de pijn kunnen 'bekijken' of naar de achtergrond laten verdwijnen en onze geest vullen met sterke, deugdzame gedachten zoals de inspiratie van God of wat dan ook onze diepste waarheid vertegenwoordigt.

Om met de angst voor spijt om te gaan, moeten we eerst begrijpen dat het goed is om spijt te hebben van eventuele verkeerde handelingen die we hebben gepleegd. We moeten niet vergeten dat eventuele negatieve acties en hun resultaten slechts tijdelijk zijn en daarom niet mogen definiëren wie we zijn. In plaats daarvan is onze ware aard fundamenteel puur en niet vervuild door kwellende emoties, net als een heldere hemel zonder wolken. Hoe groter ons gevoel van oprechte spijt voor al onze verkeerde acties, hoe groter onze kracht om onszelf te zuiveren met behulp van de vier eerder genoemde voorwaarden: spijt, een tegengif toepassen, vastberadenheid en intensiteit. Bedenk dat oprechte spijt niet betekent dat we in schuldgevoelens moeten blijven hangen en niets moeten doen. In plaats daarvan zou het ons moeten motiveren om echt te accepteren wie we zijn en wat er tijdens ons leven is gebeurd, en ons best te doen om onheilzame gemoedstoestanden op te ruimen en gezonde mentale eigenschappen aan te kweken.

Het kan ook heel nuttig zijn om te begrijpen wat er gebeurt als we sterven. Veel van deze kennis is afkomstig van de tantrische praktijken van het Tibetaans Boeddhisme, waarmee grote beoefenaars zichzelf trainen om bewust door de ervaring van de dood te gaan terwijl ze nog leven. We hebben het geluk dat dergelijke kennis nu algemeen beschikbaar is, omdat het ons kan helpen precies te weten wat we kunnen verwachten tijdens het stervensproces en ons kan helpen de angst voor vernietiging te overwinnen.

De dood is eigenlijk een proces dat we elke dag ervaren als we in slaap vallen. Wanneer we in slaap vallen, lost de grove mind - die bestaat uit onze gewone gedachten en emotie - op in de subtiele mind, en we kunnen gevoelens zoals gelukzaligheid en helderheid ervaren wanneer dit plaatsvindt. Als we sterven, wordt de subtiele geest zelfs nog subtieler en lossen de energieën van het fysieke lichaam één voor één op in de vier elementen: aarde, water, vuur en wind. Dit is de reden waarom we ons, wanneer we sterven, eerst extreem zwaar voelen, alsof we verdrinken, omdat het aarde-element geleidelijk oplost in het water-element. Vervolgens voelen we ons extreem uitgedroogd, terwijl het waterelement oplost en dan wordt ons lichaam koud met het oplossen van het vuurelement. Ten slotte vinden we het moeilijk om te bewegen en geleidelijk aan stopt onze ademhaling als het wind-element oplost.

Er zijn veel meer details over dit proces van ontbinding en deze zijn te vinden in specifieke boeken die aan het onderwerp zijn gewijd. Het is echter belangrijk om te weten dat het proces niet voltooid is wanneer de ademhaling stopt en daarom is het raadzaam de stervende enige tijd niet te verplaatsen of af te leiden met geluid. Dergelijke onderbrekingen kunnen de gemoedsrust van de stervende zelfs verstoren terwijl de laatste fasen van ontbinding plaatsvinden, wat in bepaalde stadia tot mentale onrust leidt.

In Tibet zijn er veel gevallen van spirituele beoefenaars die volledige beheersing van het stervensproces hebben getoond, en vaak is hun lichaam nog steeds warm, vooral in het hartcentrum, vele dagen nadat de ademhaling is gestopt. Om een voorbeeld te geven: mijn eigen leraar Lama Lobsang Trinley en zijn spirituele broer Lama Rinpal waren in staat om hun tijd van overlijden aan te kondigen en stierven in diepe meditatieve absorptie zonder ziekte. Ondertussen was de grote 16e Karmapa altijd gelukkig tijdens zijn laatste ziekte en vele dagen na zijn dood bleek zijn hart nog steeds warm te zijn, wat westerse artsen en wetenschappers verbijsterde. Dit laat zien dat er nog een verbinding kan zijn tussen de geest en het lichaam lang nadat we normaal gesproken denken dat een persoon is 'overleden'.

Terwijl we ons afscheiden van ons huidige lichaam en ons verbinden met een nieuw lichaam, wordt onze subtiele geest langzaam grover en worden we voortgestuwd naar een nieuwe wedergeboorte. Dit wordt uitgelegd in de 'bardo-leringen', waarbij de term bardo een tussentoestand of proces beschrijft tussen het ene leven en het volgende. In deze staat komt ons bewustzijn weer naar voren met het vermogen om dingen opnieuw waar te nemen, te voelen en te herkennen, maar zonder de steun van een fysiek lichaam. Na een overgangsperiode die naar verluidt ongeveer zeven weken duurt, wordt dit bewustzijn in het algemeen opnieuw geboren in een nieuw lichaam.

We wensen allemaal een vredige dood, maar dit hangt af van hoe we ons leven hebben geleefd. Het is belangrijk om een vredig leven te leiden en er hard naar te streven om goede mentale eigenschappen te ontwikkelen, zoals liefdevolle vriendelijkheid, compassie, vergevingsgezindheid en tolerantie. Als we de dood naderen, is het uiterst belangrijk om ons te concentreren op het ontwikkelen van deze kwaliteiten, aangezien dit een zeer krachtige tijd is en we een geweldige kans hebben om onszelf een vredige dood en een gunstige wedergeboorte te garanderen.

OEFENINGEN VOOR HET MOMENT VAN DE DOOD

Er zijn twee belangrijke spirituele oefeningen die we kunnen ondernemen om ons te helpen een vredige dood te bereiken. De eerste is een meer uitgebreide praktijk van zuivering die we ofwel enige tijd voor de dood of op het moment van overlijden kunnen uitvoeren, als we de energie hebben. De tweede oefening is een heel speciale en praktische methode om ons te helpen wedergeboorte te bereiken in een puur rijk of de hemel. Zo'n rijk weerspiegelt de kwaliteiten van verlichte wezens en is vrij van lijden, omdat er geen kans is dat kwellende mentale toestanden ontstaan, en wezens die daar rondzwerven, bezitten spontaan gezonde gemoedstoestanden en goddelijke waarneming.

Beide praktijken zijn echter afhankelijk van ons vermogen om een kalme en bedaarde geest te ontwikkelen. Het is daarom cruciaal om eerst de basis van meditatie te leren. Ik zal dus een kort overzicht geven van hoe te mediteren voordat ik deze belangrijke praktijken beschrijf.

Leren te mediteren

Helaas is onze geest meestal zo verstrooid dat het moeilijk is om te focussen op een object van concentratie zonder het te verliezen. Daarom is het cruciaal om een methode of routine te leren om de geest en het lichaam moedwillig in een ontspannen, kalme en alerte staat te brengen wanneer we maar willen. Dit begint met het kennen van de juiste meditatiehoudingen.

1. **De vier meditatie houdingen:**

Je kunt mediteren terwijl je zit, ligt, loopt of staat - en elk van deze houdingen kan formeel of informeel worden gebruikt.

Om te zitten, moet u een comfortabele stoel met rechte rugleuning of een meditatiekruk of kussen gebruiken. De handen rusten samen in de schoot of op de dijen, terwijl de rug rechtop wordt gehouden met de kin lichtjes naar binnen. De kaak, tong, schouders en buik zijn allemaal ontspannen, met de ogen gesloten of halfopen, zachtjes starend naar beneden. Door de tong achter de boventanden te plaatsen, kun je de geest alerter maken, terwijl je de tong achter de ondertanden kunt houden om een meer ontspannen en kalme staat te bereiken.

Om te gaan liggen, kun je ofwel op je rug liggen met je armen langs je zij en handen open, of op de rechterkant met je rechterhand onder je gezicht, benen samen met de knieën licht gebogen en je linkerarm langs de linkerkant van je lichaam. Om te lopen en te staan, moet je jouw handen - rechts en links - voor je lichaam houden, je armen op een natuurlijke manier laten hangen en ervoor zorgen dat je een rechte maar ontspannen houding aanneemt.

2. De basis meditatie methode

Alle soorten meditatie volgen dezelfde basismethode, en dit begint met het bewust ontspannen van het lichaam. Een goede manier om dit te bereiken is om voorafgaand aan het mediteren wat zachte 'losmakende oefeningen' te doen, zoals het schudden of masseren van verschillende delen van je lichaam of het uitvoeren van zachte yoga-oefeningen. Je moet dan bewust alle zorgen over het verleden en de toekomst laten varen en je voornemen om iemand te worden zonder 'geschiedenis' terwijl je mediteert. Richt je geest dan op het bewustzijn van het huidige moment, inclusief je adem, de fysieke aanwezigheid van je lichaam, de gevoelens in je lichaam, de geluiden om je heen en jouw gemoedstoestand en merk op hoe al deze dingen ontstaan en verdwijnen.

Als je mindfulness eenmaal goed bewerkstelligt is, kun je je blijven concentreren op het huidige moment, verankerd door het bewust-zijn van ademen door je hele lichaam (en wetend of je lang of kort ademhaalt). Als alternatief kun je je bewustzijn verschuiven naar een specifiek meditatie-object zoals een visualisatie, een geluid, contemplatie van een onderwerp zoals liefdevolle vriendelijkheid of puur bewustzijn van de adem van je hart of het puntje van je neus.

Het is onvermijdelijk dat gedachten opkomen en je moet deze gewoon bekijken of opmerken met het 'bewustzijnsaspect' van je geest en dan voorzichtig terugkeren naar het meditatie-object. Geluiden en andere sensaties zullen nog steeds op de achtergrond aanwezig zijn; een deel van je geest zal zich bewust zijn van deze gewaarwordingen, maar ze hoeven je mindfulness niet te verstoren als je ze gewoon kunt bekijken zonder te reageren. Door op deze manier te oefenen zou je uiteindelijk in een staat moeten komen waarin het lichaam ontspannen is, de emoties kalm zijn en de geest helder.

In het begin zijn korte, frequente sessies de beste manier om een kalme en evenwichtige gemoedstoestand te ontwikkelen. Op die manier zal de oefening leuk en interessant zijn en zul je zeker een verschil merken nadat je het een tijdje hebt gedaan. Een kalme gemoedstoestand stelt je in staat om het effect van de twee oefeningen die volgen echt te voelen en echt inzicht te krijgen in hun ware betekenis.

Reinigingsoefening

De meest cruciale taak bij de voorbereiding op de dood is het zuiveren van ons negatieve karma. Dit vereist de vier voorwaarden waar ik het eerder over heb gehad: spijt, het tegengif toepassen, vastberadenheid en intensiteit. We kunnen deze oefening nog krachtiger maken met een

Vajrasattva, de belichaming van zuiverheid
in de Tibetaans-boeddhistische traditie.

bepaalde visualisatie die boeddhisten Vajrasattva noemen. Vajrasattva
is een briljante witte godheid die zuiverheid, compassie en de kracht om
te genezen belichaamt. Voor degenen met verschillende spirituele neigingen is het belangrijk om deze oefening uit te voeren met de steun van
wat deze waarheid voor jou vertegenwoordigt. Je kunt er bijvoorbeeld
voor kiezen om Jezus te visualiseren, een liefdevolle aanwezigheid in de
vorm van stralend wit licht, of misschien een afbeelding uit de natuur,
zoals de zon die schijnt door een douche van met licht gevulde regen.

Neem eerst een van de hierboven beschreven meditatiehoudingen aan, welke voor jou het meest comfortabel is. Denk terug aan alles wat je verkeerd hebt gedaan in dit leven en erken dit openlijk, samen met alle pijn die je hebt vastgehouden, om welke reden dan ook. Je zou ook kunnen erkennen dat je vele negatieve daden hebt begaan gedurende talloze levens. Visualiseer de vorm van Vajrasattva (of wat deze waarheid voor jou ook belichaamt) boven je hoofd, wit van kleur als de maan maar toch doorschijnend, versierd met juwelen en zittend in lotushouding op een witte lotusbloem. Vraag met oprechte eerlijkheid: 'Compassievolle, zuiver alstublieft al mijn negatieve karma'.

Je visualiseert dan de goddelijke melkachtige nectar van gelukzaligheid, compassie en vergeving die uit Vajrasattva's hart stroomt en doordringt in elke porie in je huid en elke cel van je lichaam en al je negatieve karma en schadelijke emoties wegspoelt. Al het vuil wordt weggespoeld en verlaat het onderste deel van je lichaam in de vorm van zwarte rook, inkt of vuil bloed dat onder de grond verdwijnt. Langzaam vult de goddelijke nectar je lichaam, dat als een kristal wordt, alsof je melk in een glas hebt gegoten. Dit is niet alleen een visualisatie, maar iets wat je echt door je hele lichaam kunt voelen.

Als je deze visualisatie een uitdaging vindt, is een alternatieve vorm van de oefening om de warmte van de zon te visualiseren die geleidelijk je lichaam vult, gevolgd door een zachte douche van licht gevulde regen, die over je huid en vervolgens door al je spieren, botten en inwendige organen spoelt. Het is het beste om een vorm van beoefening aan te nemen die het beste bij je een gevoel van kalmte, gelukzaligheid en uitstraling oproept in je hele lichaam.

Elke dag, zo vaak als je kunt, moet je doorgaan met deze visualisatie en er zeker van zijn dat je je negatieve karma en schadelijke emoties hebt gezuiverd. Uiteindelijk, wanneer je je karma voldoende hebt gezuiverd, zul je merken dat je niet langer bang bent voor de dood of geplaagd wordt door spijt, wat de weg wijst naar een vredige dood en een kostbare wedergeboorte. Je kunt zien dat de oefening werkt wanneer je de witte,

stralende gelukzalige nectar je hele lichaam voelt vullen en je de overtuiging zult voelen dat je gezuiverd bent, alsof er een groot gewicht van
je schouders is gevallen.

Waarom Vajrasattva? In de Boeddhistische traditie wordt gezegd dat
er eens een heilige was, bekend als Vajrasattva, die de verlichting be-
reikte met de ambitie om het negatieve karma van andere mensen te
zuiveren, wat vergelijkbaar is met Christus die aan het kruis stierf om
de zonden van de wereld te zuiveren. Daarom kan bidden met de steun
van Vajrasattva, of Jezus als je Christen bent, bijzonder krachtig zijn.

Oefening om herboren te worden vrij van lijden

Als we het verlangen hebben om mooi, rijk of krachtig herboren te worden, is dit zeker haalbaar als we zijn uitgerust met de methode om ons
negatieve karma te zuiveren en het streven om op deze manier herboren
te worden. Echter, herboren worden als iemand die mooi, rijk of mach-
tig is, garandeert niet dat we in onze toekomstige levens vrij zullen zijn
van lijden.

Als we echt vrij willen zijn van lijden, is het het beste om te streven
naar wedergeboorte in een zuiver land of hemels rijk. Er is een hele
Boeddhistische school ('Puur Landboeddhisme') die de nadruk legt op
het trainen van de geest met dit streven, zodat als we het moment van
de dood naderen, we zelfverzekerd en vertrouwd kunnen zijn met de
overgang naar wedergeboorte in het zuivere rijk genaamd Sukhavati.
Hoewel deze leringen afkomstig zijn uit de Boeddhistische geschrif-
ten en vele eeuwen oud zijn, zijn ze niet achterhaald en zijn ze ook niet
slechts dogma's. Integendeel, ze zijn keer op keer bevestigd door de directe ervaring van zeer gerealiseerde beoefenaars, zelfs tegenwoordig,
en bij vele gelegenheden ging de dood van deze beoefenaars gepaard
met wonderbaarlijke tekenen. Ik ben hier persoonlijk vaak getuige van
geweest in Tibet. Op een keer was ik getuige van een vrouw in mijn

dorp die stervende was aan keelkanker, ze vertelde me dat ze al een paar weken bang was voor de dood, tot ze op een dag een visioen van de rode Boeddha Amitabha voor haar zag. Sinds het visioen verloor ze volledig alle angst om dood te gaan en voelde zich vreugdevol en comfortabel, zonder enige zorg voor fysieke pijn.

Door ijverig de meditatie te beoefenen om ons vertrouwd te maken met de hemel van Sukhavati, zullen we de voorwaarden scheppen voor een onbevreesde, vredige en vreugdevolle dood, in het vertrouwen dat we een prachtige nieuwe wedergeboorte zullen hebben. Begrijp alsjeblieft dat deze beoefening niet alleen voor Boeddhisten is. Als je een sterk geloof in God of een groot wezen als Jezus hebt, is dit Sukhavati voor jou en daarom zal de beoefening nog steeds effectief voor je zijn.

Waarom is Sukhavati zo speciaal? Net zoals Vajrasattva zijn verlichting wijdde aan het zuiveren van ons negatieve karma, zo zegt men dat een heilige die bekend staat als Amitabha er ooit naar streefde om mensen te bevrijden van lijden op het moment van de dood en door zijn verlichting, de hemel van Sukhavati schiep. Dit betekent niet dat hij deze plek heeft gebouwd; hij wijdde er eerder oceanen van positief karma aan, zodat zich een puur rijk zou manifesteren, waarin mensen herboren zouden worden als hun ambities echt oprecht waren.

Als we herboren worden in een puur rijk, dan zijn we van nature perfect. Dit betekent dat we van nature de allerhoogste mentale kwaliteiten bezitten, veel meer superieur aan de kwaliteiten die ik in dit boek heb beschreven. In het bijzonder hebben we toewijding, ijver, opperste geheugen en helderziendheid, concentratie, compassie en wijsheid. We zijn zo geboren: een fysiek en mentaal perfect wezen met een goddelijke uitstraling. Hoewel we misschien nog steeds bepaalde neigingen hebben, is er geen kans voor negatieve emoties of slechte gewoonten om ons over te nemen, omdat de uiterlijke omstandigheden gezegend zijn door Amitabha's goddelijke kracht. Er is bijvoorbeeld niemand die ruzies uitlokt en er zijn geen klimaatomstandigheden die leiden tot enige vorm van verval, lijden of negatieve emoties. Daarom zal al ons karma op natuurlijke wijze worden gezuiverd en zullen we nooit meer zonder keuze in een onzuiver rijk geboren worden. We zullen echt vrij zijn.

Hoe bereiken we het zuivere rijk van Amitabha? De leringen spreken over vier voorwaarden, die heel eenvoudig en effectief zijn. Houd in gedachten dat dit een buitengewoon kostbare en krachtige oefening is. Het is uiterst zeldzaam om deze lering tegen te komen en het geluk te hebben het te beoefenen.

1. **Oprechte aspiratie:** Je moet een echte oprechte intentie en verlangen hebben om herboren te worden in Sukhavati. Normaal gesproken beschouwen we verlangen als een obstakel voor een vredige dood; hier hebben we echter een unieke kans om deze emotie te gebruiken om te streven om herboren te worden in Sukhavati. Als mensen worden we meestal beheerst door verlangen, maar nu hebben we de kans om het te sturen, zodat we het zuivere rijk van Amitabha kunnen bereiken.

2. **Kennismaking:** Je moet bekend zijn met het zuivere rijk en vooral de vorm van Amitabha, die als een toegangspoort is tot Sukhavati. Daarom wordt aangeraden om een visualisatie oefening te doen, ofwel van de Boeddha Amitabha of van een goddelijk beeld waarmee je een hartsverbinding voelt, terwijl je een van de hierboven beschreven formele meditatie houdingen aanneemt. Amitabha wordt traditioneel afgebeeld als robijnrood van kleur, als een dieprode berg die schijnt in het licht van duizend zonnen. Hij draagt de eenvoudige gewaden van een monnik, zittend in kleermakerszit met handen in meditatiehouding (rechterhand over linkerhand, rustend op de schoot). De rode kleur symboliseert het menselijk verlangen, waarbij Boeddha Amitabha zich manifesteert om ons door verlangen te bevrijden. Traditioneel wordt zijn vorm gevi-

Amitabha Boeddha

sualiseerd boven de kruin van ons hoofd of voor ons ter hoogte van ons voorhoofd naar ons toe gericht. Normaal gesproken is het beeld veel groter dan de grootte van een mens, zelfs zo groot als een berg, hoewel het elke gewenste grootte kan hebben. Je kunt je dan een onmetelijke liefdevolle vriendelijkheid voorstellen die vanuit Amitabha's hart in de vorm van rood of roze licht uitstraalt en contact maakt met elk levend wezen in het universum. Als deze visualisatie niet gemakkelijk voor je is, is een alternatieve vorm om je een rode roos voor te stellen in het midden van je hart, langzaam openend en zacht rood of roze licht uitstralend door elk deel van je lichaam. Dan kun je dit licht visualiseren als een bol die zich geleidelijk buiten je lichaam uitbreidt en weer een verbinding maakt met elk levend wezen. Het is ideaal als je deze visualisatie duidelijk in je geest kunt houden en deze door herhaalde oefening kunt versterken. Je moet dit elke dag visualiseren, zo vaak als je kunt, keer op keer, totdat je er zo vertrouwd mee raakt dat je de aanwezigheid van Amitabha kunt voelen. Het is belangrijk om een nabijheid of een sterk gevoel van verbondenheid met Amitabha te voelen. Als je deze visualisatie echter een uitdaging vindt, vul dan gewoon je geest met zijn robijnrode kleur en zijn buitengewone liefde en compassie voor jezelf en alle wezens. Een laatste punt is dat wanneer we visualiseren, we niet zomaar iets verzinnen, zoals wanneer we ons voorstellen dat een stuk hout in goud verandert; we proberen veeleer in contact te komen met een diepere realiteit. Het is ook goed om kennis te maken met enkele van de unieke kenmerken van Sukhavati, die in verschillende boeddhistische teksten tot in detail worden beschreven. Zoals ik al eerder heb vermeld, is er helemaal geen mogelijkheid voor het ontstaan van mentale kwellingen omdat de omgeving en zijn bewoners zo puur van aard zijn.

3. **Accumulatie van verdiensten:** Je moet ook proberen zoveel mogelijk goede daden te verrichten en heilzame mentale eigenschappen te ontwikkelen. Wees aardig voor anderen, vermijd woede en jaloezie, en leer alles te vergeven en los te laten waaraan je gehecht bent. Herinner jezelf eraan dat je probeert je geest te transformeren zodat je herboren kunt worden in Sukhavati. Bid ook dat je hier herboren zult worden voor het welzijn van alle levende wezens, want wanneer je hier herboren wordt, heb je veel meer vrijheid en het vermogen om anderen te helpen, omdat je bepaalde goddelijke krachten bezit die ons gebruikelijke begrip te boven gaan. Ont-

wikkel verdienste en goede daden gedurende de dag en vermijd negatieve daden. Controleer elke ochtend je motivatie en neem de beslissing om vriendelijk en compassievol te zijn in plaats van gemotiveerd door eigenbelang. Besluit om de dag niet te verspillen, maar deze verstandig te gebruiken om verdienste te vergaren met het streven om herboren te worden in Sukhavati. Reflecteer elke avond op je acties. Wees je bewust van zowel je goede als slechte daden, wijd je toe en verheug je in je goede daden, en neem je voor om je negatieve daden in de toekomst nooit meer te herhalen.

4. **Opdragen**: Je moet al het goede dat je gedurende je hele leven hebt verricht, evenals de oceanen van goede daden die door anderen zijn verricht (die je kent of kunt bedenken), wijden aan het nemen van een hemelse wedergeboorte. Door naast de onze ook de goede daden van anderen op te dragen, wordt onze ambitie sterker. Wanneer je een goede daad verricht, draag dit dan op met een oprecht gebed, waarbij je een oprechte wens uitspreekt dat je hier ter wille van anderen herboren zult worden. Denk bij jezelf: 'Mag ik mijn deugden samen met de deugden van alle wezens opdragen, zodat ik herboren mag worden in Sukhavati om alle anderen te helpen. Mag ik deze deugden wijden aan het wegnemen van alle obstakels om deze oefening te volbrengen. Mag ik deze deugden ook opdragen zodat alle wezens het geluk zullen hebben om deze leringen te ontmoeten en in de praktijk te brengen'.

Zorg ervoor dat je je goede daden niet wijdt aan een toekomstige wedergeboorte met een goede gezondheid, schoonheid, rijkdom, positie enzovoort. Deze kwaliteiten zijn beperkt en zullen opraken. Als je toewijding gericht is op wedergeboorte in Sukhavati, zul je deze en nog veel meer grenzeloze kwaliteiten ontdekken die je voorstellingsvermogen te boven gaan.

LEVEN NA DE DOOD

Wat gebeurt er eigenlijk als we sterven als we ons goed getraind hebben in de Amitabha-beoefening? De leringen spreken over op wonderbaarlijke wijze geboren worden uit een lotusbloem en een ervaring hebben van versmelten met een warm, grenzeloos licht, het gezicht van Amitabha direct zien of zijn liefdevolle aanwezigheid voelen. We kunnen een voorspelling ontvangen over onze eigen verlichting, of ons laten leiden door verlichte wezens naar onze wedergeboorte.

Als we vertrouwd raken met en een sterk geloof in Amitabha ontwikkelen, kunnen we hem direct voor de dood zien en deze directe ervaring zal onze angst om te sterven volledig wegnemen. Hoewel dit misschien ongelooflijk klinkt, is het niet alleen bijgeloof. In mijn provincie in Tibet kende ik mensen die ooit een druk leven hadden en geen tijd hadden om zich op spirituele oefening te concentreren, maar die zich later op de Amitabha-meditatie richtten. Toen ze de ouderdom en de dood naderden, kregen velen van hen visioenen van Amitabha en voelden zich erg gelukkig en veilig. Elk van hen beleefde een vredige, onbevreesde en pijnloze dood. Ik was pas een paar jaar geleden rechtstreeks getuige van deze gebeurtenissen. Het is niet alleen maar fictie.

Geldt dit alles voor westerlingen? Zeker. Degenen die een bijna-doodervaring hebben gehad, spreken vaak over aangetrokken worden tot en omhuld worden door licht, evenals een aanwezigheid van onvoorwaardelijke liefde. Ik was vooral geïnteresseerd om te lezen dat Elizabeth Kubler-Ross, beroemd om haar werk met stervende mensen, een soortgelijke ervaring beschrijft in haar autobiografie kort voor haar eigen dood. Ze herinnert zich dat ze haar lichaam verliet en vele ongelooflijk mooie lotus bloesems voor zich zag. En ook een licht zag en wist dat ze door een bepaalde enorme lotusbloem moest gaan en zou samensmelten met het licht en zijn liefdevolle aanwezigheid. Na deze ervaring verloor ze al haar angst voor de dood:

Sterven is niets om bang voor te zijn. Het kan de mooiste ervaring van je leven zijn. Het hangt allemaal af van hoe je hebt geleefd.

Dit is in veel opzichten vergelijkbaar met de ervaring van de Amitabha-beoefenaars in Tibet. Hoewel ze niet het zien van een robijnrood wezen noemde, is het niet nodig dat specifieke details identiek zijn, omdat iemands waarneming afhangt van hoe iemands geest is getraind. Wat belangrijker is, is dat we de noodzaak erkennen om als een goed mens te leven met een sterk geloof en compassie, en een onwankelbaar vertrouwen krijgen dat we een vreedzame en onbevreesde dood zullen hebben.

Zelfs als we niet zo vertrouwd zijn geraakt met de Amitabha-beoefening of er ons gewoonweg niet in kunnen vinden, moeten we onszelf eraan herinneren dat alle spirituele leringen ons informeren over de mogelijkheid van leven na de dood. In de Tibetaanse traditie is er veel bewijs dat suggereert dat dit niet alleen een geloof is dat gebaseerd is op blind vertrouwen. Een van de meest sprekende voorbeelden is de Dalai Lama, wiens huidige incarnatie Tenzin Gyatso, ook bekend is als Zijne Heiligheid de veertiende Dalai Lama. Hij werd op jonge leeftijd herkend als de incarnatie van de dertiende Dalai Lama door een rigoureus onderzoeksproces, waarbij onder meer werd getest of hij voorwerpen kon herkennen die hem in zijn vorige leven bekend waren. Bovendien maakte hij in vergelijking met andere monniken ongewoon snel vorderingen in zijn studies, wat wijst op een grote hoeveelheid aangeboren 'spirituele bekwaamheid'. Bovendien geeft Zijne Heiligheid aan het einde van elk leven een indicatie van waar hij in zijn volgende leven zal worden herboren, wat suggereert dat hij voldoende controle over zijn geest heeft om daadwerkelijk de omstandigheden van zijn wedergeboorte te kiezen, en dat zijn diepe toewijding aan de welzijn van het Tibetaanse volk een belofte is die bedoeld is om vele levens mee te gaan.

Evenzo zijn er veel gevallen van Tibetaanse tulku's, of erkende reïncarnaties, die ervoor kiezen om leven na leven terug te komen om het werk in hun klooster of zelfs in het buitenland voort te zetten, wat hun ambities ook mogen zijn. Ze worden niet alleen herkend door specifieke tests en de zorgvuldige interpretatie van 'tekens', maar velen van hen hebben ook het vermogen om belangrijke gebeurtenissen uit hun vorige leven te herinneren, net zoals we ons misschien dingen herinneren die ons tijdens onze kindertijd zijn overkomen.

Dit fenomeen is zeker niet alleen beperkt tot Tibetanen. In de afgelopen tijd zijn nogal wat westerlingen erkend als reïncarnaties van Tibetaanse lama's. Er zijn nu ook een indrukwekkend aantal verslagen van mensen uit westerse landen met opmerkelijke vaardigheden om zich vorige levens te herinneren. Sommige van hun verhalen komen bijna exact overeen met historisch bewijs uit een bepaald tijdperk of een specifieke situatie, en onthullen feiten die gewoon niet op frauduleuze wijze konden worden verzameld. Er zijn bijvoorbeeld veel gedocumenteerde gevallen van jonge kinderen die huizen en familieleden uit hun vorige leven konden identificeren, namen en incidenten herinnerend die werden bevestigd door degenen die nog steeds in deze plaatsen woonden.

In principe zijn er twee soorten wedergeboorte. Ten eerste is er wedergeboorte door keuze, waarbij we onze geest in hoge mate kunnen beheersen en herboren worden tussen mensen of situaties waarin we anderen effectief kunnen helpen, net als Zijne Heiligheid de Dalai Lama. Dan is er wedergeboorte onder controle van karma, in welk geval we worden meegesleurd door de kracht van onze eerdere acties naar een nieuw bestaan, zoals bepaald door onze emoties en karma.

Door herboren te worden in Sukhavati kunnen we deze karmische kettingreactie echter omzeilen. Het betekent dat we nooit meer herboren zullen worden in het mensenrijk, of in enig ander rijk, zonder onze keuze. Deze lering is daarom buitengewoon kostbaar, omdat het ons kan helpen om voor eens en voor altijd te ontsnappen aan de cyclus van ongecontroleerde dood en wedergeboorte.

Epiloog

Dit boek is niet alleen geschreven voor entertainment. Het is eerder mijn oprechte wens dat je het zult zien als een nuttige referentie waar je in elke levensfase naar kunt kijken. Gebruik het als je met moeilijkheden te maken hebt, als je grote beslissingen moet nemen, of als je gewoon even de tijd wilt nemen om na te denken over hoe je leven verloopt.

Ik raad je ten zeerste aan om het niet zomaar op een boekenplank te plaatsen om stof te verzamelen als je klaar bent met lezen. Maar houd het bij je, waar je ook bent. Wees in de praktijk om keer op keer over de inhoud ervan na te denken, en pas de wijsheid die je opdoet toe op je dagelijkse leven. Bespreek de ideeën in dit boek met je partner, familie of vrienden. Accepteer ze niet zomaar blindelings, maar test ze en kijk of ze voor jou werken, net als een wetenschapper die een experiment uitvoert. Wees ook op je hoede als je denkt dat sommige secties te voor de hand liggend zijn en misschien niet de moeite waard om over na te denken. Ironisch genoeg zijn het vaak die gebieden waar we in het leven mee worstelen - juist omdat we blind zijn voor deze schijnbaar voor de hand liggende zwakheden die we hebben 'geaccepteerd'.

Het maximale voordeel wordt behaald als je in staat bent alle principes die je leert toe te passen in elke situatie waarmee je wordt geconfronteerd. Dan moet je je afvragen hoe goed dit werkte en of je het de volgende keer beter zou kunnen aanpakken. Het vergt oefening, dus blijf het je steeds weer herinneren en reflecteren en hernieuw je toewijding om elke dag heilzame eigenschappen in de praktijk te brengen; vooral vriendelijkheid en dankbaarheid. Zelfs als bepaalde ideeën voor de hand liggend lijken, onthoud dan dat er een enorme kloof is tussen iets weten en het echt begrijpen of belichamen. Een gemakkelijk en praktisch idee is om elke dag bewust vijftien tot twintig minuten ruimte te maken om een ritueel van zelfreflectie te beginnen, of zelfs regelmatiger gedurende de dag - dan zul je in staat zijn om de wijsheid in dit boek te internaliseren en toe te passen op elke situatie waarin je je bevindt. Als je eenmaal bedreven bent in het regelmatig oefenen van gezonde mentale eigenschappen, zul je geleidelijk de hoogste vreugde ervaren die gepaard gaat met de diepere niveaus van geluk.

Als kinderen willen we ons goed en zelfverzekerd voelen. Als tieners en jonge volwassenen willen we de geheimen van succesvolle carrières en relaties kennen. Naarmate we ouder worden, willen we leren hoe we een rijk en bevredigend leven kunnen leiden, waarbij we op de best mogelijke manier omgaan met veranderingen en uitdagingen. Ten slotte, nu we het einde van ons leven naderen, willen we weten hoe we ons kunnen voorbereiden op een vreedzame dood. In elk van deze stadia kunnen we de voorwaarden die tot geluk leiden, leren identificeren en cultiveren zoals ze van toepassing zijn op onze specifieke situatie.

Sluit echter geen hoofdstukken uit die niet aan je leeftijdsgroep zijn gewijd. Zelfs als je oud en gepensioneerd bent, vind je misschien het hoofdstuk over tieners of jongvolwassenen dat het meest relevant is voor je levenssituatie. Aan de andere kant, zelfs als je jong bent, zul je merken dat de latere hoofdstukken van het boek je enorm zullen helpen om je op je toekomst voor te bereiden, en je een idee te geven van hoe je moet omgaan met de uitdagingen die je tegenkomt. Daarom kan elk hoofdstuk op elk moment nuttig voor je zijn.

Stel je voor dat je ergens in de toekomst geliefd en gerespecteerd wordt door je lokale gemeenschap. Je bent wijs, genereus en vol vertrouwen; je bent in staat om de mensen om je heen veel voordeel te bieden en elk moment van je leven is gevuld met echte tevredenheid en geluk. Althans vanuit Boeddhistisch oogpunt, zo zal je leven worden als je nu begint met het cultiveren van de oorzaken van geluk, of dat nu later in dit leven is of in een toekomstig leven. Zoals de Boeddha zei: 'Wat je bent is wat je bent geweest, wat je zult zijn is wat je nu doet'. Vanuit dit perspectief zouden we dit boek kunnen zien als een gids voor het bereiken van geluk gedurende vele levens, niet alleen dit leven. Dus als je als tiener een paar slechte beslissingen hebt genomen, ben je de volgende keer misschien een beetje wijzer.

Jarenlang wilde ik zo'n boek schrijven, omdat ik me realiseerde hoe nuttig het had kunnen zijn toen ik opgroeide. Ik erkende ook dat veel van de problemen waarmee ik in Tibet werd geconfronteerd, precies dezelfde waren als die waarmee westerse mensen worden geconfronteerd en dat de oorzaken van geluk ook identiek zijn, ongeacht waar we vandaan komen, hoe oud we zijn of hoeveel rijkdom we bezitten. Ik heb ook ontdekt dat we in het Westen een onderwijssysteem hebben dat grote nadruk legt op intelligent, goed geïnformeerd en productief zijn, maar toch weinig nadruk legt op het leren omgaan met emoties en het nemen van verstandige beslissingen. Dit wordt helaas vaak aan het toeval overgelaten. Bovendien lijkt er tegenwoordig niet zoveel van een 'wijsheidscultuur' te zijn en hebben mensen zelden de mogelijkheid om de grote vragen van het leven te bespreken. Ik hoop dat dit boek een kleine bijdrage zal leveren om een aantal van deze hiaten te dichten.

Er zijn nu drie laatste adviezen die ik je mee wil geven:

Ten eerste dring ik er bij je op aan nooit geluk te zoeken ten koste van andere mensen.

Ten tweede dring ik er bij je op aan om zoveel mogelijk te proberen om anderen voordeel te brengen.

Tot slot vraag ik je te onthouden dat geluk bijna altijd helemaal aan jou ligt en altijd afhangt van hoeveel dankbaarheid en waardering je in je hart hebt.

Mijn oprechte wens is dat je dit boek grondig zult begrijpen en daarna geïnspireerd zult worden om het meeste te halen uit dit kostbare menselijke leven dat je bezit. Ik bid dat het je zal helpen naar een rijk, zinvol en gelukkiger leven te leiden.

Samenvatting van oefeningen

DE BASIS MEDITATIE METHODE

Alle vormen van meditatie volgen dezelfde basismethode, en deze begint met het bewust ontspannen van het lichaam. Een goede manier om dit te bereiken is door voorafgaand aan de meditatie enkele zachte 'ontspanningsoefeningen' te doen, zoals het schudden of masseren van verschillende delen van je lichaam of het uitvoeren van zachte yogastrekkingen. Laat dan bewust alle zorgen over het verleden en de toekomst vallen en neem je voor om iemand zonder verleden te worden terwijl je mediteert. Concentreer je dan op het bewust zijn van het huidige moment, met inbegrip van je ademhaling, de fysieke aarding van je lichaam, de gewaarwordingen in je lichaam, de geluiden om je heen en de toestand van je geest - merk op hoe al deze dingen ontstaan en weer verdwijnen.

Zodra je oplettendheid goed gevestigd is, kun je je blijven concentreren op het huidige moment, verankerd door het bewustzijn van de ademhaling door je hele lichaam (en te weten of je een lange ademhaling of een korte ademhaling hebt). Als alternatief kun je je bewustzijn verleggen naar een specifiek meditatie object, zoals een visualisatie, een geluid, een overpeinzing van een onderwerp zoals liefdevolle vriendelijkheid, of puur bewustzijn van de ademhaling in je hart of het puntje van je neus.

Het is onvermijdelijk dat er gedachten opkomen, en je moet ze gewoon gadeslaan of opmerken met het 'opmerkzame aspect' van je geest dat niet oordeelt, en dan zachtjes terugkeren naar het meditatie object. Geluiden en andere gewaarwordingen zullen er nog steeds zijn op de achtergrond; een deel van je geest zal zich bewust zijn van deze gewaarwordingen, maar ze hoeven je concentratie niet te verstoren. Je kunt ze gewoon gadeslaan zonder te reageren. Door op deze manier te oefenen zou je uiteindelijk een toestand moeten bereiken waarin het lichaam ontspannen is, de emoties kalm zijn en de geest helder is.

In het begin zijn korte, frequente meditatiesessies de beste manier om een kalme en evenwichtige gemoedstoestand te ontwikkelen. Op die manier zal de beoefening plezierig en interessant zijn en je zal zeker een verschil merken nadat je het een tijdje gedaan hebt. Een kalme geestestoestand zal je toelaten om het effect van de twee volgende oefeningen echt te voelen en je zal dan in staat zijn om echt inzicht te krijgen in hun ware betekenis.

Over het nemen van beslissingen

Denk aan grote beslissingen die je onlangs hebt genomen. Hoe heb je die genomen? Heb je andere mensen met veel levenservaring om advies gevraagd? Heb je alle gevolgen van je beslissing grondig overwogen? Waren je verwachtingen realistisch of onrealistisch? Heb je het slechtste scenario overwogen? Had je een reserveplan? Was je volledig eerlijk tegenover jezelf, of nam je de beslissing omdat je indruk wilde maken op iemand? Heb je alle mogelijke opties overwogen?

Denk nu aan alle beslissingen die je op het punt staat te nemen. Denk opnieuw na over al deze dingen, en zorg ervoor dat je al je opties zorgvuldig overweegt. Ga nu rechtop zitten met je ruggengraat recht, ontspan je lichaam, haal een paar keer diep adem en maak je geest helder. Als je eerlijk tegen jezelf bent, wat is dan de beste beslissing?

REFLECTEREN OP JE DAG

Trek elke ochtend en elke avond ongeveer vijftien minuten uit. Ga elke morgen je houding na voor je aan de dag begint. Waardeer je het dat je vanochtend leeft, in een land waar de omstandigheden het zo gemakkelijk maken om te leven? Ben je vastbesloten om deze dag verstandig te gebruiken en mededogen te beoefenen wanneer je maar kunt, trouw aan je diepste waarden? Ben je in je werk en je relaties bereid om geduldig te zijn als de dingen niet lopen zoals je verwacht?

Denk dan 's avonds na over de dag die net voorbij is. Denk aan de mensen met wie je hebt gesproken, de plaatsen die je hebt bezocht en zowel de goede als de slechte dingen die zijn gebeurd. Waar kun je dankbaar voor zijn? Misschien wil je een lijst van vijf tot tien dingen opschrijven in een 'dankbaarheidsdagboek'.

Ga rechtop zitten met rechte rug, ontspan al je spieren en haal een paar keer diep adem. Probeer uit te rusten in een natuurlijk gevoel van tevredenheid en vreugde en denk na over hoe je de volgende dag echt zinvol en de moeite waard kunt maken.

LEREN UIT LEVENSERVARING

We hebben nu veel levenservaring opgedaan en we kunnen veel waardevolle lessen leren als we diep nadenken over wat ons leven ons heeft geleerd. Dit kan ons er zelfs toe aanzetten sommige van onze prioriteiten opnieuw te evalueren.

Denk eerst aan een persoon met wie je in het verleden een relatie had. Dat hoeft niet per se een partner te zijn, het kan ook een vriend, een ouder of misschien iemand op het werk zijn. Wat was je motivatie om die relatie te hebben? Heeft het gewerkt zoals je had verwacht? Hoe succesvol was je in het overwinnen van moeilijkheden? Hoe open was je communicatie? Als er een periode van grote moeilijkheden was, kun je misschien opschrijven wat je je herinnert - dit kan je helpen het verleden te aanvaarden en verder te gaan.

Denk dan aan een baan die je in het verleden hebt gehad en stel jezelf soortgelijke vragen. Wat was je motivatie om dit soort werk te doen? Wat heb je nog van je ervaringen geleerd?

Kijk nu naar je huidige situatie. Vraag jezelf af 'Hoe kan ik de lessen die ik geleerd heb toepassen? Hoe kan ik mijn leven op de meest wijze manier leiden?'

Ga rechtop zitten met je ruggengraat recht en je handen in je schoot, span je lichaam aan en laat je dan helemaal ontspannen. Vraag jezelf eerlijk af of er iets is dat je in deze fase van je leven wilt veranderen, en denk dan na over hoe je dit voor elkaar kunt krijgen.

NADENKEN OVER VERGANKELIJKHEID

Denk aan enkele van de verliezen en veranderingen die je in deze periode van je leven hebt meegemaakt, en overdenk de volgende gedachten:

> *Wat er ook geboren wordt, wordt oud en sterft.*
> *Wat is bijeengebracht, zal worden verspreid.*
> *Wat is verzameld, zal worden uitgeput.*
> *Wat is opgebouwd, zal instorten.*
> *Op dezelfde manier, vriendschap, vijandschap, geluk en verdriet, alle gedachten die door onze geest gaan - alles verandert altijd.*

Herinner jezelf eraan dat vergankelijkheid gewoon de waarheid is van hoe het leven is en dat het enige dat we echt hebben het nu is, het heden. Hoe kan dit inzicht je helpen om te gaan met het verlies van een dierbare? Hoe zou het je perspectief kunnen veranderen op de verschillende soorten verliezen waarmee we geconfronteerd worden - het verlies van dierbaren, het verlies van een baan, het verlies van alles wat ons dierbaar is? Het kan ook helpen om te onthouden dat veranderingen niet per se tot ongeluk hoeven te leiden - soms kunnen ze je zelfs ten goede komen, ook al is dat in eerste instantie misschien niet duidelijk.

Terwijl je over al deze vragen nadenkt, ga je met rechte rug zitten, voel je je lichaam ontspannen en haal je een paar keer rustig adem. Welke lessen bevat de waarheid van vergankelijkheid voor jou?

Opmerkingen

HOOFDSTUK 1: EEN INTRODUCTIE NAAR GELUK

1. *IIn de boeddhistische traditie noemen we dit onze 'verlichte natuur', die we kunnen ontsluieren door elk spoor van eigenbelang uit te bannen:* voor een eenvoudige uiteenzetting van het boeddhistische concept van verlichting en hoe we het pad naar verlichting kunnen volgen, zie hoofdstuk drie en vier in: Khentrul Rinpoch. *Unveiling Your Sacred Truth: A Gradual Discovery of Enlightenment through the Jonang-Shambala Kalachakra Tradition* (In afwachting van publicatie).

2. *Volgens Martin Seligman, vaak bekend als de vader van de positieve psychologie, zijn er drie basisniveaus:* zie Martin Seligman, *Authentic happiness* (Sydney: Random House, 2002).

3. *Het idee dat ieder van ons een "gelukssetpoint" heeft dat niet veel veranderd kan worden, wordt in twijfel getrokken:* De kwestie van een "gelukssetpoint" is een belangrijk thema dat eind 2004 aan de orde kwam op een conferentie van westerse wetenschappers en de Dalai Lama over het opwindende nieuwe gebied van de "neuroplasticiteit", gebundeld in: Sharon Begley (ed), *Train Your Mind, Change Your Brain* (New York: Ballantine Books, 2007), 226- Deze kwestie wordt ook besproken in: Norman Doidge. *The Brain that Changes Itself* (New York: Viking, 2007).

4. *Veel van de grote westerse filosofen vertellen ons ook dat we, om enige vorm van geluk te vinden, de realiteit van het lijden moeten aanvaarden:* Verschillende perspectieven op geluk van westerse filosofen worden prachtig in lekentaal beschreven in: Alain de Botton, *Conso-*

lations of Philosophy (London: Penguin Books, 2001).

5. *Een methode om depressie te behandelen heet cognitieve gedragstherapie, waarbij wordt geprobeerd mensen te helpen zich bewust te worden van hun negatieve gedachten:* en praktische gids voor cognitieve therapie is te vinden in: David Burns, *Feeling Good: the New Mood Therapy* (New York: Avon Books, 1999).

6. Psychologen die loterijwinnaars bestudeerden, ontdekten dat zij over het algemeen niet gelukkiger waren: P. Brickman, D. Coates and R. Janoff-Bulman, 'Lottery winners and accident victims: is happiness relative?' Journal of Personal and Social Psychology 36 (1978): 917-27.

7. *Het deel van de hersenen dat vingerbewegingen controleert:* T. Elbert, C. Pantev, C. Wienbruch, B. Rockstroh, and E. Taub, 'Increased cortical representation of the fingers of the left hand in string players,' *Science* 270 (1995): 305-7.

8. *Als je veel tijd besteedt aan het concentreren op liefde en compassie, zullen veel gebieden in de hersenen veranderen:* A. Lutz, L.L. Greischar, N.B. Rawlings, M. Ricard, and R.J. Davidson, 'Long-term meditators self-induce high-amplitude gamma synchrony during mental practice,' *Proceedings of the National Academy of Sciences* 101 (2004): 16369-73

9. We dachten vroeger dat iedereen een gelukspunt had... zie ook: Sharon Begley (ed), *Train Your Mind, Change Your Brain*: 226-9.

HOOFDSTUK 2: DE VOORWAARDEN VAN GELUK VERKENNEN

10. *Dit is vergelijkbaar met het soort geluk dat we ervaren wanneer we ons in een toestand van "flow" bevinden:* het fenomeen "flow" is goed onderzocht door psychologen-zie: M. Csikszentmihalhyi, *Finding Flow: The Psychology of Engagement with Everyday Life* (Basic Books: 1998). Vanuit boeddhistisch oogpunt is dit vergelijkbaar met het be-

reiken van een staat van eenpuntige concentratie - hoewel dit een gelukkige en gelukzalige geestestoestand is, staat het niet gelijk met het diepste niveau van geluk.

11. *Dit is vergelijkbaar met het idee van "kenmerkende sterke punten" in de moderne psychologie:* Het veld van de positieve psychologie somt zes belangrijke deugden of sterke punten op die in bijna elke traditie gemeen bleken te hebben: wijsheid, moed, liefde en menselijkheid, rechtvaardigheid, gematigdheid en transcendentie (of spiritualiteit). Werken aan de verbetering van iemands deugdzame kwaliteiten wordt nu gezien als een belangrijke vorm van psychotherapie. Zie: Martin Seligman, *Authentic happiness*: 125-6

12. *Een recente studie...concludeerde dat drie keer per week sporten even nuttig was voor patiënten met een depressie als het nemen van een antidepressivum*: Zie: Tal Ben-Shahar, *Even Happier: A Gratitude Journal for Daily Joy and Lasting Fulfillment* (New York: McGraw-Hill, 2010): 9-11.

13. *In plaats van te proberen onze innerlijke ervaringen te ontkennen, te vermijden of te bestrijden... kunnen we ze eerst leren aanvaarden... en inzien dat ze ons vermogen om een rijk en zinvol leven te leiden niet in de weg hoeven te staan:* Dit is het basisprincipe van een vorm van psychotherapie die bekend staat als ACT (Acceptance and Commitment Therapy). Het gebruikt mindfulnestaken om het probleem van *experiëntiële vermijding* direct aan te pakken, waarbij we ons lijden verergeren door te worstelen met ongewenste gedachten en gevoelens en pijnlijke gebeurtenissen te herbeleven. Tegelijkertijd richten we ons op het creëren van een vervullend en rijk leven. Hoewel het verminderen van de symptomen van een patiënt niet het doel van de therapie is, worden ze bijna altijd verminderd als een bijproduct. Zie: Russel Harris, 'Embracing Your Demons: an Overview of Acceptance and Commitment Therapy.' *Psychotherapy in Australia* 12 (4): 2-8.

14. *Vaak is het het beste om dit proces te doorlopen met de hulp van...*
    mensen die soortgelijke ervaringen als jij hebben meegemaakt: Wan-
    neer kundig, wijs advies wordt gecombineerd met de steun van een
    gemeenschap die naar een soortgelijk doel toewerkt, is verandering
    veel gemakkelijker te verwezenlijken. Dit kan worden gezien in het
    succes van organisaties als Anonieme Alcoholisten. Dit is vergelijk-
    baar met het boeddhistische idee van een 'Sangha', een gemeenschap
    van gelijkgestemde mensen die hetzelfde pad volgen.

15. *Vaak zijn onze ongezonde overtuigingen en gewoonten geworteld in*
    lang bestaande veronderstellingen over onszelf en de wereld waarin
    we leven: De benadering van het verkrijgen van bewustzijn of inzicht
    in onze negatieve neigingen is al vele jaren de steunpilaar van de
    westerse psychotherapie. Cognitieve therapie probeert ons te helpen
    onze denkpatronen van moment tot moment te identificeren en ver-
    volgens te zoeken naar verborgen veronderstellingen die aan deze
    gedachten ten grondslag liggen. Psychoanalyse daarentegen spreekt
    over 'afweermechanismen' zoals ontkenning, verdringing of acting
    out, die pijnlijke ervaringen uit het verleden blokkeren; bewustwor-
    ding en inzicht in deze patronen kunnen ons helpen het verleden te
    accepteren en verder te gaan.

HOOFDSTUK 3: KINDERJAREN – DE ZADEN ZAAIEN VAN GE-LUK

16. *Mijn wens is dat ouders... de zaden planten van de goede eigenschap-*
    pen die hen zeker zullen helpen: De moderne psychologie steunt het
    standpunt dat ouders een cruciale rol spelen bij het planten van
    zaadjes in de geest van hun kinderen, zelfs zonder dat zij het we-
    ten. Er wordt zelfs beweerd dat kinderen ouderlijke boodschappen
    kunnen "opnemen" of dat ouders hun kind kunnen hypnotiseren
    (zie: Steve Biddulph, *The Complete Secrets of Happy Children* [Syd-

ney: HarperCollins, 1998]). Gehoopt wordt dat het bespreken van belangrijke onderwerpen, zoals die welke in deze verhalen aan de orde komen, zal bijdragen tot het scheppen van een gezinsomgeving die bevorderlijk is voor het ontvangen van positieve boodschappen door kinderen.

17. *Het verhaal van de vriendschap* en *Het verhaal van het bewustzijn* zijn beide bewerkt naar verhalen uit het leven van de Boeddha zoals gepresenteerd in: Tich Nhat Hanh, *Old Path White Clouds: Walking in the Footsteps of the Buddha.* (Berkley: Parallax Press, 1991).

HOOFDSTUK 4: TIENERS – HET JUISTE PAD BEGINNEN

18. *Streef je je doel na omdat je het echt wilt?..* Tal Ben-Sahar heeft het over drie cruciale dingen die je in overweging moet nemen bij het kiezen van een carrière of het vastleggen van een doel - sterke punten, plezier en betekenis. We moeten ons afvragen: "Wat zijn onze sterke punten?" "Wat geeft ons plezier?" en "Wat geeft ons betekenis?" Hij stelt ook voor om op te schrijven wat je echt zou willen doen (iets wat voortkomt uit een diep gevoel van persoonlijke overtuiging of sterke interesse), en dan na te gaan of dit op enige manier beïnvloed wordt door de verwachtingen van anderen. Als je iets echt wilt doen, maakt het uiteindelijk niet uit wat anderen denken. Zie: Tal Ben-Shahar, *Happier: Learn the Secrets to Daily Joy and Lasting Fulfillment* (New York: McGraw Hill, 2007): 103-105.

19. *Alle voorgaande kwaliteiten worden ontwikkeld, evenals het vermogen om de energiestroom te beheersen in wat wij het "subtiele lichaam" noemen:* In de boeddhistische tantrische traditie spreken we van een dynamisch psycho-fysiek systeem binnen ons lichaam, dat na vele jaren yogische training direct kan worden waargenomen. Als we het menselijk lichaam zien als een stad, dan zijn de kanalen de wegen, de innerlijke lucht is als een paard en de geest is

als de ruiter (gevisualiseerd als subtiele essenties op bepaalde plaatsen in het lichaam). Voor een meer gedetailleerde uitleg zie: Sogyal Rinpoche, *The Tibetan Book of Living and Dying* (Sydney: Random House, 2002), 252-3.

HOOFDSTUK 5: JONG VOLWASSENHEID: EEN TWEEDE KANS OM WIJSHEID TE ONTWIKKELEN

20. *We moeten oppassen dat we geen vluchtige emoties of blinde aantrekkingskracht volgen:* De moderne psychologie is het er ook over eens dat het van cruciaal belang is een volwassen kijk op de romantische liefde te hebben. Zie: Tal Ben-Shahar, *Happier: Learn the Secrets to Daily Joy and Lasting Fulfillment* (111-22).

21. *We kunnen zeggen dat zo'n koppel "emotioneel intelligent" is:* De mate van emotionele intelligentie die paren bezitten is een belangrijke factor om hen bij elkaar te houden en hun relatie te versterken, en volgens John Gottman is dit een vaardigheid die kan worden aangeleerd. Dit houdt onder meer in: leren focussen op elkaars positieve kwaliteiten, frequent en open met elkaar omgaan, waarden en interesses delen en conflicten op een volwassen manier oplossen, altijd bereid zijn om compromissen te sluiten. Zie: John Gottman & Nan Silver. *The Seven Principles for Making Marriage Work* (New York: Random House, 2000). Voor een praktische gids over emotionele intelligentie zie ook: Jeanne Segal. *The Language of Emotional Intelligence: The Five Essential Tools for Building Powerful and Effective Relationships* (New York: McGraw Hill, 2008).

22. *Een gezonde, stressvrije geest...kan leiden tot een verlaagde bloeddruk en...voordeel bij een breed scala van aandoeningen:* Er zijn nu veel studies in het opkomende gebied van de geest-lichaam geneeskunde die kijken naar het verband tussen een vredige geest en een gezond lichaam. Voor een praktische bespreking van het verband

tussen stress en ziektes, zie: Craig Hassed, *Know Thyself: the Stress Relief Program*. (Melbourne: Michelle Anderson Publishing, 2006, 18-22), and references therein.

23. *Tenslotte, het hoogste niveau van mededogen is gebaseerd op een begrip van onbaatzuchtigheid:* In de Tibetaanse boeddhistische traditie staat de hoogste vorm van mededogen bekend als bodhicitta, de altruïstische wens om verlichting te bereiken en zo alle levende wezens naar verlichting te leiden. Zie hoofdstukken veertien en vijftien in: Khentrul Rinpoche, *Unveiling Your Sacred Truth*.

24. *De Boeddha ontmoette eens een koopman genaamd Sigala:* Van de *Digha Nikaya*, de *Long Discourses of the Buddha* (DN 31).

HOOFDSTUK 6: DE LEEFTIJD VAN ERVARING

25. *Het pad naar verlichting bestaat uit het elimineren van de oorzaken van lijden door het beoefenen van discipline, concentratie en wijsheid (ook bekend als het Edele Achtvoudige Pad):* Het Edele Achtvoudige Pad omvat: juiste zienswijze, juiste intentie, juiste handeling, juiste spraak, juist levensonderhoud, juiste inspanning, juiste concentratie en juiste opmerkzaamheid. De eerste twee stadia vertegenwoordigen wijsheid, de volgende vier vertegenwoordigen discipline en de laatste twee hebben te maken met concentratie. Er zijn veel verschillende benaderingen om de boeddhistische leer te begrijpen. Een goed inleidend perspectief wordt gegeven door: Walpola Rahula, *What the Buddha Taught*. (London: Gordon Fraser, 1978). Voor een beschrijving van de stadia op het pad naar verlichting zie hoofdstuk negen in: Khentrul Rinpoche, *Unveiling Your Sacred Truth*.

26. *Veel van de grote Tibetaanse spirituele leraren van de laatste generatie, zoals mijn leraar Kyabje Lobsang Trinley en de grote 16e Karmapa:* Er zijn vele verslagen over het ongelooflijke leven van de 16e

Karmapa. Zie, bijvoorbeeld: Ken Holmes, *Karmapa* (Forres: Altea Publishing, 1995). Ik noem ook mijn eigen wortelmeester Kyabje Lobsang Trinley, wiens onvermoeibare toewijding ten bate van anderen, evenals vele wonderbaarlijke tekenen tijdens zijn leven en zijn dood, ik persoonlijk heb mogen meemaken.

27. *De taak om een geschikt en doeltreffend pad te vinden vereist grote vaardigheid en onderscheidingsvermogen:* Voor richtlijnen over hoe je een authentieke spirituele leraar kunt vinden en volgen, zie bijvoorbeeld: Zijne Heiligheid de Dalai Lama. *Becoming Enlightened* (New York: Atria Books, 2009), 31-3Voor een diepgaande bespreking zie ook hoofdstuk twaalf in: Khentrul Rinpoche, *Unveiling Your Sacred Truth.*

28. *Ik wil graag een specifieke boeddhistische tekst noemen, bekend als de Sigalovada Sutta:* Van de *Digha Nikaya,* de *Long Discourses of the Buddha* (DN 31). In deze sutta bespreekt de Boeddha de ethiek en de praktijken van lekenvolgelingen.

29. *Het is algemeen bekend in de westerse psychologie dat mannen en vrouwen de wereld op subtiel verschillende manieren zien:* De hier gegeven voorbeelden zijn gebaseerd op: John Gray, *Men are from Mars, Women are from Venus: the Classic Guide to Understanding the Opposite Sex* (New York: Harper Collins, 2004).

30. *Het is belangrijk deze kwaliteiten aan te leren tijdens alle kinderjaren:* Een uitstekende referentie voor ouders, die overeenkomt met veel van de hier gepresenteerde ideeën, is: Steve Biddulph, *The Complete Secrets of Happy Children* (Sydney: Harper Collins, 1998).

31. *We mogen ook niet vergeten dat onze arbeidstevredenheid niet afhangt van het soort werk dat we doen:* In de moderne psychologie is een sleutelprincipe voor het bereiken van geluk op het werk het omvormen van het werk tot een "roeping". We kunnen vaststellen wat we zinvol vinden en wat onze sterke punten zijn, en dan leren om werk te zien op een manier die persoonlijk zinvol is, terwijl we ons

tegelijkertijd richten op onze sterke punten of goede eigenschappen. Zie: Martin Seligman, *Authentic Happiness*, 165-184.

HOOFDSTUK 7: DE LEEFTIJD VAN WIJSHEID

32. *Wij kunnen leren aanvaarden dat alles vergankelijk is, dat ouderdom, ziekte en dood slechts een natuurlijk deel van het leven zijn:* Voor een diepgaande discussie en beschouwing over dood en vergankelijkheid vanuit boeddhistisch oogpunt, zie hoofdstuk elf in: Khentrul Rinpoche, *Unveiling Your Sacred Truth*.

33. *Er is een verhaal uit het leven van de Boeddha dat dit illustreert:* dit is het verhaal van Krisha Gotami, zoals verteld in: Sogyal Rinpoche, *The Tibetan Book of Living and Dying*, 28-9.

34. *We zullen altijd genoeg te doen hebben elke dag als we ons richten op onze geest en innerlijke ontwikkeling:* Wij kunnen een spirituele traditie of gemeenschap kiezen om ons te helpen ons "innerlijk leven" en onze goede eigenschappen te cultiveren, maar wij kunnen ook hulp vinden in bepaalde praktische boeken of cursussen in de psychologie (zolang zij een gezonde onderzoeksbasis hebben). Een goed voorbeeld van zo'n boek is: Tal Ben-Shahar, *Even Happier: A Gratitude Journal for Daily Joy and Lasting Fulfillment* (New York: McGraw-Hill, 2010).

35. *Wetenschappers denken nu dat zelfs oudere mensen nieuwe hersencellen kunnen aanmaken:* zie: Sharon Begley, *Train Your Mind, Change Your Brain*, 246-9 (en verwijzingen daarnaar). Zie ook: Norman Doidge, *The Brain that Changes Itself.* Tegenwoordig zijn er een aantal goede praktische boeken en andere hulpmiddelen die ons kunnen helpen ons geheugen te verbeteren. Eén zo'n hulpmiddel is de website www.lumosity.com, die online oefeningen aanbiedt die gericht zijn op het verbeteren van verschillende gebieden van het mentale functioneren, ondersteund door goed

wetenschappelijk onderzoek. Een andere nuttige bron, waar mensen van elke leeftijd baat bij kunnen hebben, is: Tony Buzan, *Use Your Head: Innovative Learning and Thinking Techniques to fulfill your Mental Potential* (Harlow: Educational Publishers LLP, 2006).

36. *Dit is niet alleen een boeddhistisch geloof, maar het is ook aangetoond dat dit waar is wanneer psychologen de factoren bestuderen die bijdragen tot menselijk geluk:* Voor een bespreking van de voordelen van het ontwikkelen van dankbaarheid, vanuit het perspectief van de moderne psychologie, zie: Martin Seligman, *Authentic Happiness*, 70-5.

Hoofdstuk 8: Voorbereiding voor het vertrekken uit dit leven

37. *Karma is een fundamenteel concept in het boeddhisme:* Voor een diepgaande bespreking van de boeddhistische visie op karma en reïncarnatie, met inbegrip van een logisch "bewijs" van deze beide principes, zie hoofdstuk zeven in: Khentrul Rinpoche, *Unveiling Your Sacred Truth.*

38. *Uit psychologisch onderzoek blijkt dat als je aardig bent voor iemand, je jezelf gelukkiger voelt:* Er is veel onderzoek gedaan naar de psychologische voordelen van het helpen van anderen; vrijwilligerswerk kan bijvoorbeeld depressie en angst helpen verminderen, en anderen helpen geen alcohol te drinken kan herval bij voormalige alcoholisten helpen voorkomen. Veel van dit onderzoek wordt gepresenteerd in: Stephen Post, *Why Good Things Happen to Good People* (New York: Broadway, 2007).

39. *Boeddha zei dat lijden de eerste waarheid in het leven is, dat als we willen leven, we moeten lijden.:* Voor een diepgaande presentatie van de traditionele boeddhistische visie op lijden, zie hoofdstuk acht in: Khentrul Rinpoche, *Unveiling Your Sacred Truth.*

40. *In het Westen erkent men dat er verschillende stadia van rouw zijn:* Voor een diepgaande bespreking van de stadia die we doorlopen wanneer we geconfronteerd worden met de diagnose van een terminale ziekte, zie: Elizabeth Kubler-Ross, *On Death and Dying* (London: Tavistock/Routledge, 1989). Het onderzoek van Kubler-Ross was gebaseerd op een uitgebreide reeks interviews met stervende patiënten, waarvan de transcripties in haar boek staan.

41. *Er zijn veel meer details in dit ontbindingsproces:* Voor een meer gedetailleerd verslag van het uiterlijke en innerlijke ontbindingsproces op het moment van de dood, volgens de Tibetaanse boeddhistische traditie, zie: Sogyal Rinpoche, *The Tibetan Book of Living and Dying*, 255-260. Zie ook hoofdstuk vierentwintig in: Khentrul Rinpoche, *Unveiling Your Sacred Truth*.

42. *De grote 16e Karmapa was altijd vrolijk tijdens zijn laatste ziekte en vele dagen na zijn dood bleek zijn hart nog warm te zijn:* Een van de grootste Tibetaanse meesters van de laatste generatie, de 16e Karmapa, stierf in een westers ziekenhuis in de Verenigde Staten in 198Enkele van de opmerkelijke details van zijn dood, waaronder een verslag van een van zijn behandelende artsen, worden verteld in: Reginald Ray, *Secret of the Vajra World* (Boston: Shambala, 2001), p465-80.

43. *Na een overgangsperiode die naar verluidt ongeveer zeven weken duurt, wordt dit bewuste bewustzijn over het algemeen opnieuw geboren*: De overgangsperiode of tussentoestand tussen de dood en de wedergeboorte in een nieuw lichaam wordt in de Tibetaanse boeddhistische traditie zeer gedetailleerd beschreven. Zie: Sogyal Rinpoche, *The Tibetan Book of Living and Dying*, p291–30For a more detailed description see chapter twenty-four in: Khentrul Rinpoche, *Unveiling Your Sacred Truth*.

44. *Het is van cruciaal belang een methode of routine te leren om de geest en het lichaam opzettelijk in een ontspannen, kalme en waak-*

zame toestand te brengen wanneer we maar willen: een nuttig naslagwerk is voor hen die een meditatie beoefening willen beginnen en volhouden: Graham Williams, *Life in Balance: the Lifeflow
Guide to Meditation* (Adelaide: Print Know How 2008). Andere
goede referenties zijn: Ajahn Brahm, *Mindfulness, Bliss and Beyo-
nd: A Meditator's Handbook* (Somerville: Wisdom 2006) en B.
Alan Wallace, *The Attention Revolution: Unlocking the Power of
the Focused Mind* (Boston: Wisdom 2006). Zie ook hoofdstuk 5 in:
Khentrul Rinpoche, *Unveiling Your Sacred Truth*. Dit hoofdstuk
beoogt een gedetailleerde beschrijving te geven van het meditatie-
pad, die authentiek, toegankelijk en praktisch is.

45. *We kunnen deze oefening nog krachtiger maken met een bepaalde
visualisatie die boeddhisten Vajrasattva noemen:* Meer volledige
details over de traditionele Vajrasattva zuiveringspraktijk zijn te
vinden in hoofdstuk zestien van: Khentrul Rinpoche, *Unveiling
Your Sacred Truth.*

46. *Het is ook goed om vertrouwd te raken met enkele van de unieke
kenmerken van Sukhavati:* Er zijn talrijke boeddhistische teksten
die spreken over de praktijk van het zuivere land Amitabha en
de kenmerken van Sukhavati, die u misschien wilt onderzoeken;
sommige hiervan zijn in feite gebaseerd op de directe visioenen
van zeer gerealiseerde meesters. Een van de kostbaarste teksten
werd samengesteld door de negentiende-eeuwse lama Tsoknyi
Gyamtso, en bestaat uit meer dan honderd bladzijden Tibetaanse
tekst waarin dit zuivere rijk wordt beschreven. Het is mijn diepe
wens deze tekst in de nabije toekomst te vertalen en op grote schaal
beschikbaar te stellen.

47. 11.*Degenen die een bijna-dood ervaring hebben gehad, spreken
vaak over aangetrokken worden tot en dan omhuld worden door
licht:* Voor onderzoek naar de bijna-dood ervaring zie, bijvoorbeeld: Kenneth Ring, *Life at Death: a Scientific Investigation of the*

Near-death Experience (Boston: Arkana 1985).

48.   1*Ik was bijzonder geïnteresseerd om te lezen:* Elizabeth Kubler-Ross, *A Memoir of Living and Dying: The Wheel of Life* (London: Bantam 1997).

49.   13.*'Sterven is niets om bang voor te zijn... Het hangt allemaal af van hoe je hebt geleefd':* Elizabeth Kubler- Ross, *The Wheel of Life*, p28

50.   1*In recente tijden zijn een paar westerlingen herkend als reïncarnaties:* Zie: Vickie MacKenzie, *Reborn in the West: the Reincarnation Masters* (London: Bloomsbury 1995).

51.   1*Er zijn veel gedocumenteerde gevallen van jonge kinderen die huizen en familieleden uit hun vorige leven konden identificeren:* Dr Ian Stevenson heeft gedurende vele jaren gedetailleerd bewijsmateriaal verzameld voor meer dan tweeduizend gevallen van kinderen die zich vorige levens herinneren. Zie: Ian Stevenson, *Twenty Cases Suggestive of Reincarnation* (Charlottesville: Univ. of Virginia Press, 1974); en Jane Henry (ed), *Parapsychology Research on Exceptional Experiences* (London: Routledge 2005). Helaas wordt dergelijk onderzoek vaak terzijde geschoven omdat het niet als "mainstream" wordt beschouwd - ik geloof echter dat het ons zeer ten goede zou komen het met een kritische maar open geest te evalueren, zoals we dat ook in de "mainstream" wetenschap zouden doen.

Bronnen

Praktische boeken gebaseerd op moderne psychologie

Ben-Shahar. *Even Happier: A Gratitude Journal for Daily Joy and Lasting Fulfillment* (New York: McGraw-Hill, 2010).

Tal Ben-Shahar. *Happier: Learn the Secrets to Daily Joy and Lasting Fulfillment* (New York: McGraw-Hill, 2007).

Steve Biddulph. *The Complete Secrets of Happy Children* (Sydney: Harper Collins,   1998).

John Bradshaw. *Healing the Shame that Binds You* (Deerfield Beach: Health Communications, 1988).

David Burns. *Feeling Good: the New Mood Therapy* (New York: Avon Books, 1999).

John Gottman & Nan Silver. *The Seven Principles for Making Marriage Work* (New York: Random House, 2000).

Russ Harris. *The Happiness Trap: Stop Struggling, Start Living* (Wollombi: Exisle Publishing, 2007).

Craig Hassed. *Know Thyself: the Stress Relief Program* (Melbourne: Michelle Anderson Publishing, 2006).

Jeanne Segal. *The Language of Emotional Intelligence: The Five Essential Tools for Building Powerful and Effective Relationships* (New York: McGraw Hill, 2008).

Martin Seligman. *Authentic Happiness* (Sydney: Random House, 2002).

Timothy Sharp. *The Happiness Handbook* (Sydney: Finch, 2007).

Informatie over het spirituele leven (vanuit een boeddhistisch perspectief)

Bikkhu Bodhi (ed). *In the Buddha's Words: An Anthology of Discourses from the Pali Canon* (Boston: Wisdom 2005).

Ajahn Chah. *A Still Forest Pool: The Insight Meditation of Ajahn Chah.* Compiled by Jack Kornfield and Paul Breiter (New York: Quest, 1986).

Zijne Heiligheid de Dalai Lama. *Becoming Enlightened* (New York: Atria Books, 2009).

Zijne Heiligheid de Dalai Lama. *How to Practise: The Way to a Meaningful Life* (Rider: London, 2002).

Philip Kapleau. *The Three Pillars of Zen: Teaching, Practice and Enlightenment* (Anchor Books: New York, 2000).

Walpola Rahula, *What the Buddha Taught.* (London: Gordon Fraser, 1978).

Khentrul Rinpoche. *A Secret Incarnation: Reflections on the Life of a Tibetan Lama* (In afwachting van publicatie).

Khentrul Rinpoche. *Unveiling Your Sacred Truth: A Gradual Discovery of Enlightenment through the Jonang-Shambala Kalachakra Tradition* (In afwachting van publicatie).

Over de schrijver

Khentrul Rinpoche werd geboren als Jamphal Lodro in de provincie Golok in Tibet en kreeg de titel Khentrul Rinpoche Jamphal Lodro, omdat hij als jong kind al werd erkend als de reïncarnatie van Getse Khentrul. Hij groeide op in een nomadenfamilie en leefde aanvankelijk een hardwerkend bestaan op het Tibetaanse platteland, waarbij hij romantische liefdes en ook vele ontberingen meemaakte. Na de dood van zijn jonge vader koos hij ervoor zijn leven volledig aan de spiritualiteit te wijden, waarmee hij de wens van zijn ouders in vervulling deed gaan. In de overtuiging dat dit zijn lot was, trad hij op achttienjarige leeftijd in zijn eerste klooster, en begon zo aan een periode van strenge training waarin hij werd afgezonderd van het conventionele leven. Dit hield een totale onderdompeling in studie en retraite in elf kloosters onder vijfentwintig leraren in. Zijn studie omvatte de vijf belangrijkste tradities van het Tibetaans boeddhisme, wat hem in 1997 de prestigieuze titel van Rimé Meester opleverde.

Khentrul Rinpoche werd vervolgens gekozen als abt van het Dzamthang klooster, een van de grootste overgebleven kloosterinstellingen van Tibet, maar in plaats daarvan besloot hij naar het buitenland te reizen. Hij bracht drie jaar door op spirituele pelgrimstocht naar een aantal heilige plaatsen in Nepal en India, en verhuisde vervolgens in 2003 naar Australië na een ontmoeting met Zijne Heiligheid de Dalai Lama. In 2006 richtte hij het Tibetaans Boeddhistisch Rime Instituut op in Melbourne. Hij heeft twee boeken in de Tibetaanse taal geschreven, en momenteel schrijft hij verschillende boeken in het Engels, waaronder zijn autobiografie.

RINPOCHE'S VISIE

Dzokden is opgericht met het uitdrukkelijke doel om Khentrul Rinpoche te ondersteunen bij het realiseren van zijn visie op meer vrede en harmonie in deze wereld. Naarmate onze gemeenschap blijft groeien en zich ontwikkelt, raken steeds meer mensen betrokken bij deze buitengewone inspanning.

Om u een idee te geven van de reikwijdte van Rinpoche's visie, kunnen we spreken van acht doelen die Rinpoche's korte en lange termijn prioriteiten weerspiegelen.

Onmiddellijke Doelen

Uiteindelijk is blijvend, echt geluk alleen mogelijk door diepgaande persoonlijke transformatie. Nu meer dan ooit hebben we methoden nodig om onze wijsheid te ontwikkelen en ons grootste potentieel te verwezenlijken. Het is om deze reden dat Rinpoche zo'n hoge prioriteit geeft aan het behoud van de Jonang Kalachakra Overleveringslijn. Er zijn vier manieren waarop Rinpoche voorstelt dit te doen:

1. Mogelijkheden creëren om in contact te komen met een authentieke en volledige Kalachakra overleveringslijn in nauwe samenwerking met toegewijde mediteerders in afgelegen Tibet. Ons doel is om alle ondersteuningen te creëren voor het beoefenen van Kalachakra in overeenstemming met de authentieke overleveringsmeesters die deze traditie al duizenden jaren in ere houden. Wij doen dit door beelden en schilderijen in opdracht te geven, boeken te schrijven en over de hele wereld lezingen te geven. Wij leggen bijzondere nadruk op het verzekeren van de authenticiteit van onze materialen, waarbij wij ons baseren op de diepgaande ervaring van zeer gerealiseerde mediteerders die hun leven wijden aan deze praktijken.

2. Oprichting van internationale retraitecentra voor de studie en beoefening van Kalachakra. Om het onderricht in onze geest te integreren, is het van cruciaal belang de mogelijkheid te hebben tot periodes van intensieve beoefening. Daarom werken we aan de noodzakelijke infrastructuur die de leden van onze gemeenschap zal ondersteunen en voeden om deel te nemen aan zowel korte- als langetermijnretraites. Dit omvat de aankoop van land en de bouw van alles wat nodig is om groeps- en solitaire retraites te houden. Ons doel op lange termijn is het ontwikkelen van een netwerk van dergelijke centra over de hele wereld, waardoor een wereldwijde gemeenschap ontstaat die een grote verscheidenheid aan beoefenaars ondersteunt.

3. Het vertalen en publiceren van de unieke en zeldzame teksten van Kalachakra meesters. Het Kalachakra Systeem is het onderwerp geweest van ontelbare teksten in de loop van de lange geschiedenis van Tibet. Tot nu toe is slechts een klein deel van deze teksten vertaald en toegankelijk gemaakt in het Westen. Hoewel de theoretische teksten belangrijk zijn, willen wij ons vooral richten op de kerninstructies die toegewijde beoefenaars zullen leiden naar een diepere ervaring van deze diepgaande leringen.

4. De hulpmiddelen en programma's ontwikkelen voor een gestructureerde leerervaring. Met groepen van studenten verspreid over de hele wereld, geloven we dat het belangrijk is om op de beste manier gebruik te maken van moderne technologieën om het leerproces voor onze studenten te vergemakkelijken. Ons doel is om een robuust online onderwijsplatform te ontwikkelen dat onze internationale gemeenschap toegang geeft tot studieprogramma's van hoge kwaliteit die intuïtief, gestructureerd en inspirerend zijn.

Doelstellingen op lange termijn

Terwijl wij allen werken aan het bereiken van ultieme vrede en harmonie in onze eigen geest, mogen wij niet uit het oog verliezen dat wij bestaan binnen de context van een wereld die gevuld is met een grote verscheidenheid aan individuen. Deze individuen geven aanleiding tot een grote verscheidenheid aan geloofsovertuigingen en praktijken die op hun beurt bepalen hoe wij met elkaar omgaan en elkaar beïnvloeden. In deze onderling afhankelijke realiteit is het van vitaal belang om haalbare strategieën te vinden voor het bevorderen van grotere verdraagzaamheid en respect. Om dit te bereiken stelt Rinpoche vier specifieke werkterreinen voor:

1. Bevordering van de ontwikkeling van een Rimé-filosofie door dialoog met andere tradities. Met het verlangen om constructieve leden van een pluralistische samenleving te zijn, moeten wij manieren leren om onze verschillen met elkaar te verzoenen. Daartoe willen wij mensen helpen de positieve kwaliteiten te ontwikkelen, die een houding van wederzijds respect, openheid voor nieuwe ideeën en een onderzoekend verlangen om onze onwetendheid te overwinnen, bevorderen

2. Ontwikkel hoog-gerealiseerde rolmodellen door financiële steun te bieden aan toegewijde beoefenaars. Om de authenticiteit van onze spirituele tradities te verzekeren, is het noodzakelijk dat er mensen zijn die de hoogste realisaties verwezenlijken. Daarom streven we ernaar een financieel beurzenprogramma op te zetten dat echte beoefenaars die hun leven willen wijden aan spirituele ontwikkeling, ongeacht hun systeem van beoefening, helpt. Door mensen te helpen de leringen te actualiseren, worden ze positieve rolmodellen voor de mensen om hen heen en inspireren en leiden ze de komende generaties.

3. Het grote potentieel van vrouwelijke beoefenaars te actualiseren door gespecialiseerde opleidingsprogramma's te ontwikkelen. De Tibetaanse cultuur heeft een lange geschiedenis van het cultiveren van hooggekwalificeerde meesters door middel van intensieve training van diegenen waarvan erkend wordt dat zij over een groot potentieel beschikken. Helaas was de zoektocht naar potentieel maar al te vaak alleen gericht op mannelijke kandidaten. Rinpoche gelooft dat het steeds belangrijker wordt om sterke, zeer gerealiseerde, vrouwelijke rolmodellen te hebben die kunnen helpen om meer evenwicht in onze wereld te brengen. Daarom werken we aan de ontwikkeling van een uniek trainingsprogramma om vrouwen de kans te geven hun spirituele potentieel te actualiseren. Het is ons doel om een gespecialiseerd curriculum te ontwikkelen, evenals de financiële infrastructuur om alle aspecten van hun opleiding volledig te ondersteunen.

4. Bevorder een grotere flexibiliteit van geest en een breder begrip van de werkelijkheid door middel van moderne onderwijsprogramma's. In een wereld die zich snel ontwikkelt, moeten we opnieuw nadenken over het soort vaardigheden dat we onze kinderen bijbrengen. De rigide structuren van het verleden zijn vaak slecht toegerust om leerlingen voor te bereiden op de uitdagingen waarmee zij in de loop van hun leven zullen worden geconfronteerd. Daarom willen wij een verscheidenheid aan onderwijsprogramma's ontwikkelen die kinderen kunnen helpen om flexibeler te worden en zich beter aan hun context aan te passen. Een belangrijk onderdeel van deze programma's is de ontwikkeling van een groter bewustzijn van de rol die onze geest speelt in onze dagelijkse ervaringen. Wij streven er ook naar hervormingen in het monastieke onderwijssysteem aan te brengen die ertoe bijdragen dat het onderwijs relevanter wordt voor deze moderne wereld.

HOE KUNT U UW STEUN AANBIEDEN?

Het bovenstaande is niet mogelijk zonder uw steun en medewerking. Een visie van deze omvang vergt veel verdienste en vrijgevigheid van vele weldoeners gedurende vele
   jaren. Als u uw steun wilt aanbieden, aarzel dan niet om contact met ons op te nemen.

Dzokden
3436 Divisadero Street
San Francisco, California 94123

USA
office@dzokden.org
dzokden.org

Noot van de redactie

Ik ontmoette Khentrul Rinpoche voor het eerst in 2004. In die tijd was hij een nieuwe immigrant in Australië, hij kende maar een klein beetje Engels en kende bijna niemand. Toch ontdekte ik in onze onhandige pogingen om te communiceren dat hij een verhaal te vertellen had dat heel opmerkelijk was en dat zijn training in het boeddhisme ongeëvenaard was. Toen hij enkele jaren geleden het idee opperde om een boek over geluk te schrijven, duurde het even voor ik ervan overtuigd was dat we iets konden schrijven dat origineel en praktisch was. Maar na enige tijd realiseerde ik me dat, hoewel veel van zijn ideeën vrij eenvoudig waren, de diepgang van de wijsheid erachter vrij diepgaand was.

In dezelfde tijd dat ik aan dit manuscript werkte, voltooide ik mijn opleiding tot arts en werkte ik een tijdje in de huisartsenpraktijk. Dit werk was als een vergrootglas naar de innerlijke wereld van alledaagse Australiërs. Het was een kans om getuige te zijn van het hartzeer, het lijden en de ellende die mensen elke dag doormaken, maar ook van de verbazingwekkende vreugde en veerkracht die sommigen bezitten in de meest moeilijke omstandigheden. Naast mijn eigen levenservaring, heeft mijn werk als arts mij ervan overtuigd dat geluk niet "zomaar" ontstaat en dat het zeker geen triviale zaak is. Het is zonder twijfel iets waar we diep over na moeten denken. Wat is er tenslotte echt belangrijk?

Bovendien merkte ik door mijn werk als arts dat veel mensen de realiteit van lijden, dood en sterven leken te negeren. Ze beschouwden spiritualiteit vaak als een privé-aangelegenheid of hadden niet echt veel nagedacht over diepere zaken, omdat ze zo gefocust waren op doorgaan met leven. Daarom dacht ik dat een boek als dit mensen zou kunnen helpen om te leren kennen hoe spiritualiteit ingebed is in de ervaring van het dagelijkse leven, en niet als iets dat er los van staat. Misschien kan het ook als 'brug' dienen voor hen die in de westerse cultuur zijn opgegroeid en geïnteresseerd zijn in het 'spirituele leven'.

Bij het redigeren van dit boek hoop ik dat mijn schrijfstijl en de toevoegingen die ik heb gedaan de wijsheid die Khentrul Rinpoche heeft geprobeerd over te brengen, niet hebben gebagatelliseerd of aangetast. Om het boek toegankelijker te maken, heb ik geprobeerd om zijn ideeën te kruisen met enkele van de nieuwste onderzoeken in de psychologie (zoals beschreven in het notengedeelte). Veel hiervan is gebaseerd op mijn ervaringen op de internationale Happiness and Its Causes conferentie in Sydney, alsmede op mijn opleiding in de geneeskunde en gesprekken met mentoren met veel ervaring in counseling en psychologie. Ik hoop dat deze toevoegingen geen afbreuk zullen doen aan de essentiële boodschap van het boek, en ik aanvaard de schuld voor eventuele fouten of omissies.

Tenslotte wil ik mijn bijdrage aan dit boek opdragen aan mijn ouders, die er altijd onvoorwaardelijk voor mij zijn geweest. Ook wens ik oprecht dat het lezen van dit boek iets zal bijdragen aan de kwaliteit van uw leven.

Adrian Hekel
Maart 2010

Dankwoord

Ik draag de deugden van dit boek op aan mijn ouders die me op deze wereld hebben gezet en goed voor me hebben gezorgd - ik kan hun vriendelijkheid nooit echt terugbetalen. Ik ben zo blij en dankbaar dat ik de kans heb gekregen om dit boek te schrijven, want ik ben nog vrij nieuw in de Engelse taal en cultuur, en mijn ervaring met het leven in een westers land is enigszins beperkt. Daarom ben ik zeer dankbaar voor degenen die hebben bijgedragen en geholpen bij de ontwikkeling van dit boek, niet alleen door mijn gebrekkig Engels te begrijpen, maar ook door te discussiëren en ideeën aan te dragen. Ik wil Dr. Adrian Hekel bedanken voor zijn enorme hulp bij de totstandkoming van dit boek, die verder ging dan de redactie. Ik geloof dat Adrian's intentie en motivatie oprecht en onvoorwaardelijk was. Ik hoop dat u bij het lezen van dit boek Adrian's inspanningen waardeert, want zonder hem zou dit boek misschien niet voltooid zijn. Ik wil ook mijn dankbaarheid betuigen aan Julie O'Donnell, die me geholpen heeft dit boek op te starten en die eindeloze steun, vrijgevigheid, toewijding en loyaliteit heeft gegeven. Elke kans die ik heb gehad om aan dit en andere projecten te werken is te danken aan Julie's vriendelijke steun, dus ik kan haar niet genoeg bedanken en zal al haar hulp nooit vergeten. Ik wil ook graag mijn erkentelijkheid en dank uitspreken aan alle mensen die aan dit boek hebben meegewerkt, in het bijzonder Stephanie Davis, Mark Cleary en Lisa Jobson. Moge u geluk vinden en uw spirituele ontwikkeling bevorderen.

Khentrul Rinpoche
Mebourne, Australië
Maart 2010

Index